好书精读
Master 15'

商业新闻出版公司和轻松读文化事业有限公司提供内容支持

精·变

打造一个很厉害的企业

轻松读大师项目部／编

中国盲文出版社

图书在版编目（CIP）数据

精·变：打造一个很厉害的企业：大字版／轻松读大师项目部编．—北京：中国盲文出版社，2017.3

ISBN 978-7-5002-7772-9

Ⅰ.①精…　Ⅱ.①轻…　Ⅲ.①互联网络—应用—企业管理—通俗读物　Ⅳ.①F272.7-49

中国版本图书馆CIP数据核字（2017）第051640号

本书由轻松读文化事业有限公司授权出版

精·变——打造一个很厉害的企业

编　　者：轻松读大师项目部
出版发行：中国盲文出版社
社　　址：北京市西城区太平街甲6号
邮政编码：100050
印　　刷：北京汇林印务有限公司
经　　销：新华书店
开　　本：787×1092　1/16
字　　数：85千字
印　　张：13.5
版　　次：2017年3月第1版　2017年4月第1次印刷
书　　号：ISBN 978-7-5002-7772-9/F·129
定　　价：46.00元
销售服务热线：（010）83190297　83190289　83190292

出版前言

数字文明为我们求知问道、拓展格局带来空前便利，同时也使我们深受信息过剩、知识爆炸的困扰。面对海量信息，闭目塞听、望洋兴叹固非良策，不分主次、照单全收更无可能。时代快速变化，竞争不断升级，要想克服本领恐慌，防止无知而盲、少知而迷，需尽可能将主流社会的最新智力成果内化于心、外化于行，如此才能更好地顺应时代，提高成功概率。为使读者精准快速地把握分散在万千书卷中的新理念、新策略、新创意、新方法，我们组织编写了这套《好书精读丛书》。

这套书旨在帮助读者提高阅读质量和效率。我们依托海内外相关知识服务机构十多年的持续积累，博观约取，从经济管理、创业创新、投资理财、营销创意、人际沟通、名企分析等方面选取数百种与时俱进又经世致用的好书分类整合，凝练出版。它们或传播现代经管新知，或讲授实用营销技巧，或聚焦创新创业，或分析成功者要素组合，真知云集，灼见荟萃。期待这些凝聚着当代经济社会管理创新创意亮点的好书，能为提升您的学识见解和能力建设提供优质有效便捷的阅读资源。

聚焦对最新知识的深度加工和闪光点提炼是这套书的突出特点。每本书集中解读4种主题相关的代表性好书，以“要点整理”“5分钟摘要”“主题看板”“关键词解读”“轻松读大师”等栏目精炼呈现各书核心观点，崇真尚实，化繁为简，您可利用各种碎片化时间在赏心悦目中取其精髓。常读常新，明辨笃行，您一定会悟得更深更透，做得更好更快。

好书不厌百回读，熟读深思子自知。作为精准知识服务的一次尝试，我们期待能帮您开启高效率的阅读。让我们一起成长和超越！

目 录

近年来的科技发展，在能源、网络科技、机器人、数码生产、医疗品质，以及纳米材料与纳米科技上获得的成果，让全球人民不再受能源、教育与网络的限制，让人们可以追求以健康、自由为主要层面的“富足”境界。但是，我们仍然必须警醒，人们的富裕生活可能一夕之间化为乌有。

现在企业运营最害怕的问题，就是“老年化”。在“老年化”企业中，新事物很难发生，突破性的想法无法萌芽，每一个创新都变得遥不可及。而且现在的世界是充满变化的，它是一个变数而非常数。企业面对一个变数，最好的方式就是先认清这个事实，然后跟随时代脚步一起发生变化，随时以变化去迎战市场的需求。

网络科技潮主要是一股社会趋势，现在的消费者会使用 MySpace、博客等网络科技，来与他人互动、交换意见和互相帮忙，而不仅限于使用企业所提供的产品与服务。未来很可能会有更多科技工具浮现出来，使消费者能够方便互动。因此，应该全力认识网络科技潮，想办法让自己茁壮成长，还必须建立并且增进顾客关系，而不是在相关科技上费心思。

商品的质感与便利，就如同运动场上难以同时拥有的速度与力量，两者只能择其一全力发展，在不同领域分别满足消费者的需求。如果过度贪心，想要同时追求两者，只会让商品落入质感间带，也就是既无质感，也不便利的区间，沦为定位错误的冷门商品。

富足年代

迎向 2035 人人富足的伟大挑战

Abundance

The Future is Better Than You Think

原著作者简介

彼得·戴曼迪斯(Peter H. Diamandis)，毕业于麻省理工学院和哈佛医学院，X大奖基金会董事长及CEO，奇点大学的共同创办人及董事长，还担任全球许多知名大企业的顾问。

史蒂芬·科特勒(Steven Kotler)，毕业于威斯康星大学和霍普金斯大学，知名畅销书作家、记者。在《连线》、《大众科学》、《国家地理》、《纽约时报》等报纸期刊上发表文章。他同时也是“流动基因计划”的共同创始人和主持人。

本文编译：张裕敏

主要内容

主题看板

今天的一小步，明天的一大步

这世界似乎日益美好。但是短期之内的通胀压力、油价大涨、战争杀戮等各种坏消息，都让人心情好不起来，到底世界是越来越美好，还是日益变差？彼得·戴曼迪斯与史蒂芬·科特勒可以说是乐观主义者。随着他们不断探索世界进步的轨迹，我们可以发现，以往许多人类的突破，在今日都已成为富足的征候。

1927 年当美国飞行员林白飞行横越大西洋，赢得 2.5 万美元的奖金时，他大概很难想象，不到 100 年之后的今日，仅仅在台湾地区一年乘坐飞机出行的人数就超过 2000 万。今天的一小步，成就了明日的一大步。

彼得·戴曼迪斯与史蒂芬·科特勒认为，如果从“富足金字塔”分析目前世界的富足程度，在最底层的有关居所、食物与用水的生物性需求，已经逐步得到解决。创新者、慈善家，以及越来越多的全球消费者，将需求推进到第二层，也就是能源、教育、通讯工具，以及取得信息。

而近年来的科技发展，在能源、网络科技、机器人、数字化制造、医疗品质，以及纳米材料与纳米科技上获得的成果，让全球人民不再受能源、教育与网络的限制，当然也就可以追求以健康、自由为主要层面的“富足”境界，世界大同的乌托邦，似乎就在不远处。

但是，我们必须警醒，人们的富裕生活可能一夕之间化为乌有。因为“3·11”大地震引致的日本核电厂事故就是鲜明的案例，我们甚至无法想象，万一情况失控，日本会倒退多少个10年？邻近国家是否也会跟着遭殃？

科技的突破在酝酿一段时间之后可能就会改变世界，如果人们不能很好地利用，随时都有可能危害人类文明。例如，核能科技的应用、转基因食品的生产，对人类是福是祸尚未有定论，万一处理不慎，今日的一小步，可能成为将来失败的一大步。国家领导者，必须谨慎对待！

5分钟摘要

人人富足的美丽新世界

人类过去200年来已经见证伟大的进步，但这些进步和接下来的25年相比较，将是小巫见大巫，有些伟大的新工具和新科技现在已经开始发挥作用，人人富足的美丽新世界将指日可待。

如果我们认真检视发展中的科学和工程技术，就会发现，这个世界正经历前所未有的重大变化。科技进步之快，意味着在接下来的20年，地球上（不论在发达国家还是发展中国家）的男女老少，基本需求都将得到满足。人人富足的理想已经触手可及，而且全球生活水准都将提高。

虽然这个乐观的说法可能和每天新闻报道的种种负面消息相抵触，但不可否认的是，越来越多的领域出现了惊人的成果——例如人工智能、机器人研发、电脑运算、宽带网络、数字化制造、纳米材料、合成生物学等。随着这些科技越来越成熟，应用越来越广泛，再加上这些科技成果相互结合及扩大效用，世界上最难解的问题将势必得到解答。

关键思维

有史以来，我们的能力第一次能够追上梦想。人类现在正进入剧烈转变的时代，科技能够大大提升地球上所有男女老少的基本生活水准。以往只保留给少数富人的商品和服务，也许过不了多久，任何有需要的人也都能够得到。人人富足的理想已经触手可及。

——彼得·戴曼迪斯　史蒂芬·科特勒

一　富足的定义

所谓富足，用3层金字塔来描述最为恰当：金字塔的最底层是人类的基本需求，再往上一层是能够得到成长的工具，最顶层则是享受健康自由的生活，并能为社会作出贡献。当每个人在这3个层次的需求都能得到满足时，富足的世界就会实现。

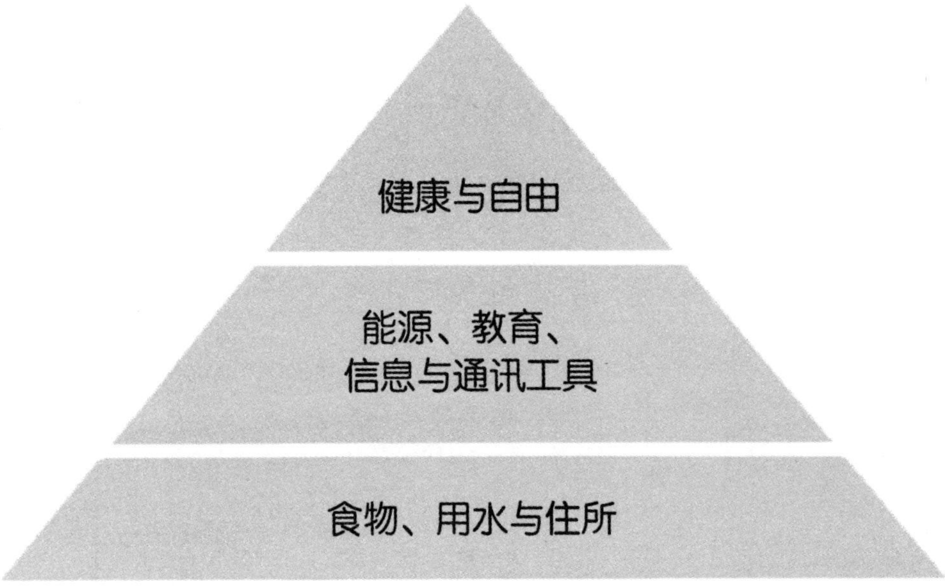

心理学家亚伯拉罕·马斯洛在20世纪50年代提出“人类需求层次理论”,《富足年代》一书对富足的定义基本上就是采用马斯洛的概念。富足的金字塔应包括:

1. 金字塔的最底层

要实现全球富足,首要任务是所有的人都要有足够的用水、食物和住所。具体而言,就是:

◎ 每人每天3～5升的饮用水。

◎ 每人每天至少2000卡路里均衡营养的食物。

◎ 补充必要的维生素和矿物质。

◎ 每人每天25升用来满足盥洗或烹饪等活动的干净用水。

◎ 有照明、通风和卫生设备的住所。

2. 金字塔的中间层

一旦人类基本的生存需求都得到满足,接下来就会希望得到能源、教育、信息与通讯工具。这些条件影响每个人的生活水准,并且让人们得以专心投入自己的选择，然后能够出售或交换自己的产品。如果能促进全人类各个领域的提升，将带给社会极大的帮助。

3. 金字塔的最顶层

富足必须包罗一切。维持及提供全球人类的健康福祉、避免可预防的死亡，理所当然是富足的重要内涵；然而自由或政治民主也是富足的重要元素——人们可以依自己的意愿自由选择、行动。

那么要实现这些目标，有没有合理的时间表呢？到 2035 年，全球富足的目标就能实现。这些在 2012 年看来或许“野心太大且过于勉强”的目标，在接下来 10 年内便会有足够的动力来促成改变，因为世界各地都会发生惊人且重大的转变。

很少有人相信，全球富足的目标会在他们有生之年达成。导致这么少人相信它会实现的原因是各不相同：

◎ 每天我们接触到的新闻都是传染病、恐怖分子、地区冲突，甚至更糟的事。这让我们以为有意义的进步是遥不可及、不切实际的。

◎ 新闻媒体认为负面新闻比正面新闻更能吸引人，因此乐于夸大强调糟糕的部分，让你以为“这个世界已经坠入万丈深渊，万劫不复”。

◎ 现代人在一周内所接触的新信息，比 17 世纪的人一辈子知道的还多。我们根本没办法消化这么多信息——你自然而然会朝最坏的情况打算。

◎ 一般来说，社会上悲观的人发言的时间，要比乐观的人还多。如果有人预言饥荒或瘟疫，应该会比预言有好事发生，更能吸引你的注意。

和人类历史上任何一个时间点相比较，现在生活在赤贫和困苦环境中的人已显著减少。从 20 世纪 50 年代以来，每日生活费在 1 美元以下的人已减少一半，占今日全球人口的 18%。更令人欣慰的是，这个数字正急速递减。过去数十年来，政治自由和民权大为提升，奴隶制度等也都遭到禁止。社会科学家也指出，随着收入上升，暴力也会减少。

简而言之，人类在过去几百年来已有很大的进步，但这些进步和接下来25年的进步相比较，将是小巫见大巫，有些伟大的新工具和新科技现在已经开始发挥作用。全球富足的想法并非海市蜃楼，而是合理可行的。

关键思维

和1800年相比较，今日我们能享受高水准的生活，不只是因为我们能够更经济有效地制造产品，更是因为我们能够制造全新种类的产品，其中有些产品比1800年更符合需求，而有些需求甚至是1800年还想象不到的。

——布拉德福特·德隆

加州大学伯克利分校经济学教授

尽管差距仍在，但这200年来人类已经见证伟大的进步。西方世界和其他地区的历史差距已经缩小，我们现在是一个全新的融合世界。而且我看到未来的趋势非常明显，通过互助、贸易、绿色科技与和平相处，每个人绝对可以享受健康与富有的生活。

——汉斯·罗斯林

瑞典卡罗琳学院国际卫生学教授

通过创新使原本稀少的资源变丰富的故事俯拾皆是。这个道理非常简单：稀少与否通常有前因后果。想象一棵结满橘子的大树，如果我把低矮枝条上所有的橘子都采光，就没有橘子可采了。从我有限的角度来看，橘子是稀少的。但如果有人发明了一个工具叫做梯子，我能力所及之处就突然变宽阔了，问题便迎刃而解。由此可再次看出，资源的问题不在于稀少，而是如何取得。

——彼得·戴曼迪斯　史蒂芬·科特勒

二　快速发展的科技正要发威

科技发展的威力已超乎人类的理解和想象。人类进步的真正动力，就此时此刻来说，许多领域的科技不约而同地都有惊人的发展，而这些发展都有改变世界的潜力，特别是这些发展累积的影响力一起发威的时候。

1990年，美国国家卫生研究院与能源部合作发起“人类基因组计划”，预计至少要花费15年和100亿美元才能完成人类基因定序。10年后，克雷格·温特决定加入这场竞赛，并且开了一家名为塞莱拉的公司，根据当时已有的成果作为研发基础，不到1年就完成人类基因定序，所花经费也不到1亿美元（政府最终花了15亿美元）。这件事说明，当惊人的改变发生——像电脑运算能力的快速发展——我们将难以想象重大的改变会多快来临。

惊人的改变不只发生在电脑运算能力方面，在其他领域也同样有巨大的发展，例如：

1. 生物工程

科学家正积极寻找以藻类为基础的燃料，希望能以超低成本和环保的能源来取代石油；生物工程使得粮食作物生产效率提高50倍；疫苗只要1天就能制造完成而不需等上数月；其他技术也有助于改良自然生产。

2. 网络和感应器

互联网使全球信息可以流通共享，并且未来发展无可限量。在不久的将来，还会有无数的装置连上网络。在未来，企业将能够非常精准地依据需求来生产，而机器也将以有效运用能源的方式来运作，如此节省下来的能源，将会大大地改变地球。整个世界会充满无数的即时信息，而我们几乎想得到的所有产业，都会因此而改写。

3. 人工智能

尽管人工智能一开始就出师不利且被过度夸

大，但仍逐步累积了可观的成果与可行性。很快我们就能看到汽车防撞感应器，不但能够维护人身安全，也能降低全球每年高达2300亿美元的意外事故成本——相当于全球国内生产总值的2%～3%。人工智能也将会彻底改变孩童未来受教育的方式、医生诊断的方式以及能源消耗的方式。

4. 机器人研发

过不了几年，机器人就能帮着照顾家中老幼、工厂生产和其他许多时间密集的工作。当机器人产生的效能全面引入经济活动时，全球经济将快速发展，现在许多国家面临的重大挑战也将得到解决。一旦所有想得到的事物都变成自动化，会产生令人难以想象的可能性。

5. 数字化制造和无限运算

现在市面上已经有3D立体打印机，能够将塑胶、玻璃、钢材、钛金属等物质，一层一层打印堆叠出来，产生真实的物体。目前3D立体打印机的应用已经非常广泛，从灯罩到定制假肢都有。有些玩家也自行研发机器人；生物科技公司也正尝试将3D立体打印机应用在器官移植上；航天员也利用3D立体打印机，制作维修宇宙飞船所需的零件。电脑运算能力的快速提升，势必为3D立体打印机带来更多令人惊叹的可能性。或许以后我们不需要再等待零售商通过联邦快递将我们所订购的物品送来，只要花几分钟自行打印出来就可以了。等到人人都能使用数字化制造和云计算时，它们所造成的影响将是革命性的。

6. 医疗

实验室芯片科技正处在发展中，当人将一滴血液样本放在感应装置上后，马上就能在巨大的疾病资料库中进行比对。这种诊断方式非常精确、成本低廉、使用简便且快速——对于世界上60％居住在郊区、附近没有医疗设施的人来说，是个完美的发明。未来医疗的模式将从现在被动、一般性的服务转为着重预防和个体化的医疗。一旦将人工智能带进医疗领域，还会有更多有趣的可能性发生。

7. 纳米材料和纳米科技

纳米科技就是以小到像原子那样的极小单位来进行制造。纳米科技可以用很低的成本制造出比钢铁坚固的纳米复合物。纳米分子可以提升各种装置的能源使用效率，甚至可以应用在超导体或药物传输系统等各种地方。纳米科技不只能够加速提升人类能力，在各种材料、水、能源和食物的研发方面也将扮演重要的角色。

尽管科技变革的速度如此惊人，但我们要等到各种急速变化的科技相互结合之后，才会在未来看到从未有过的重大发展。目前，科技进步的速度已足以创造出所有人都能享受的富足生活。

关键思维

我现在的标准很简单：你现在做的事情能不能改变这个世界？能还是不能？99.9999%的人都会说“不能”。我认为我们必须训练大家找到改变世界的方法。显然，科技是可行的方式。我们过去所看到的正是如此，所有的改变都随科技而来。

——拉里·佩奇，谷歌创办人

最令人期待的发展，是无限运算和3D立体打印的结合，这个革命性的结合可以彻底改变设计和制造。一夕之间，在中国发起的创意，可以在印度变得更加完美，然后当天在巴西就可以打印出可使用的成品——让发展中国家拥有前所未有的利器来对抗贫穷。

——彼得·戴曼迪斯　史蒂芬·科特勒

三　建造金字塔的最底层

要建造金字塔的最底层，好让所有人得到食物、用水和住所，这些急速发展的科技还需要一点助力。幸好，现在已经有一些力量可以让这些科技加速发挥影响力。在接下来的 20～30 年内，这 3 股力量将会携手合作，加速富足金字塔最底层的建造进度：

◎ 自己动手的创新者。

◎ 最近新形成的科技慈善家。

◎ 数十亿新兴消费者的力量。

生物界一个伟大的特性，就是个别的生物可以通过合作，完成更伟大的目标。人类当然也是如此，人类文化的演变基本上都依照这个过程进行：

1. 新科技出现使得人人都可以发展专长
2. 个人得以发展专长，就更有能力和其他人合作
3. 人们通力合作，就会发展出新的能力
4. 这些扩增出来的能力相互结合，便可以产生下一代的新科技

如此一来，这些正面的回馈，会不断成长、循环并且壮大。这种循环现在已经开始发挥影响力，有助于提供给地球上每个人足够的食物、用水和住所。有些非常聪明的人已经注意到这一点，而且他们手上握有两项有力的合作利器：

（1）现代运输能力——以经济有效的方式，将物品运送到世界上任何一个地方。

（2）信息和传播科技——例如利用手机和互联网，让世界各地的人类智力有机会同步整合。

这两项工具本身就有颠覆性的力量，因为它们能够让每个人都了解全球的议题并且采取实际行动。如果每个人都买得起方便携带并且可以随时上网、分享信息的工具，各种惊人的事情就可

能发生。

以提供饮用水给全人类为例，地球上有97.3%的水因咸度太高而无法饮用，其余2%则是极地的冰，最后只剩下0.5%的水可供人类使用、灌溉或供工业使用等。自学成功的物理学家，同时也是DEKA研发公司的创办人狄恩·卡门，研发了一种尺寸像小冰箱的机器，只要把上面的管子插入任何液体——海水、废水，甚至厕所污水——这个机器便能够在1天内制造出1000升完全净化的饮用水。更厉害的是，这个名为“弹弓”的机器，耗电量跟吹风机一样小。“弹弓”在孟加拉国已有实地测试，靠着燃烧骆驼粪便运转了6个月，除了能够制造干净的饮用水，还能够给村民提供足够的电力来帮手机充电和照明。

当然，“弹弓”目前每台售价仍高达10万美元，但量产之后可降到5000美元。“弹弓”可以连续工作5年不需任何维修保养，因此以每天制造1000升饮用水来计算，每升的成本是0.0002美元。如果再加上利润和人工成本，每5升的饮用水大约是0.04美元。

像“弹弓”如此成功的发明，只是普及饮用水的一个案例。工程师迈克尔·普里查德也研发了内含微小滤水器的救命水壶。一个家庭号的滤水瓶每天能过滤出2.5万升饮用水，而且只需0.005美元。亦即只要200亿美元的总资本支出，就能给地球上所有人提供干净的饮用水——还有更多纳米科技的产品和滤水器将会问世，不但功能会越来越强，价格也会越来越低。

在喂饱全球人口的挑战上，也出现了长足的发展。传统的农耕和食物生产方式大多依靠牲畜的“蛮力”，这对发展中国家来讲，显然不切实际。基因改造作物能增加多达87倍的产量，也彻底改变食物生产的方式；但粮食分配仍然是个大问题。尽管现在地球上生产的粮食早已超过全人类的需要，却仍有10亿人口处于饥饿的状态。

目前有几项创新的解决方法正在进行：

（1）水耕法——将作物种在水里而非土壤中——种植效率比传统土耕法高了70％。1983年，美国航空航天局的科学家为了研究出如何在火星提供食物给航天员，想出了气耕法——将植物悬挂在半空中，通过喷洒营养液提供植物养分。气耕法的种植效率又比水耕法高出70％。加上传统农业用水占了地球水资源的70％，如果能够广泛采用气耕法，农业用水就可以大幅降到6％。

（2）食物还有一项主要成本来自运送。因此，现在开发出了垂直农场，可以将植物种植在大都市的建筑物里。占地约1个纽约街区大小的30层垂直农场，可以生产出5万人1年所需的食物。150座垂直农场就可以喂饱纽约所有市民，而无需使用农药，或是任何在种植、收割或运送过程中所需的石化燃料。

（3）就算有种植效率极高的农场，人类的饮食中仍然需要10%～20%的蛋白质。禽畜是很好的蛋白质来源，而水产养殖是另一个更好的选择，可以不断更新与扩充。还有一个选择是培养肉——将动物的干细胞放在生物反应装置里培养出来的肉。为了供应航天员在太空长途飞行中所需的食物，美国航空航天局再次成为培养肉的研究先驱。虽然这些科技成果在正式问世之前，仍有许多问题待解决，但就提供全世界足够的粮食而言，都是更有效且可持续的好方法。

这些喂饱地球的科技，要深入全球粮食市场，大约还需10～15年。在这期间，基因改造的棉花、玉米和黄豆数量将会不断增加。农民会想出更好的方法来解决农作物病虫害所带来的损失，例如种植玉米和黄豆等粮食作物时，穿插种植能够驱虫的植物。这些改良的方法都能够提高粮食作物的种植效率，有助于提供全球人口足够的食物。

除了这些听起来可以大大改善食物、用水和

住所的科技，近几年来还有另外3股力量推波助澜，加速与之相关事物的发展：

1. 自己动手的创新者

现在有许多人结合信息时代的工具和自身的力量，创造出惊人的成就。这些免费工具的品质，在某些方面已经赶上这些理想家的愿景。过去只有大公司甚至政府才有资源完成的计划，现在小型团体经由合作（亲自或通过网络）就能够完成。小型私人公司或是有天分的个人，现在也都能够飞到太空、制造无人飞机，或者发展合成生物科技，成果令人惊叹。企业家现在也联手提供第三世界企业资金，并且投资特定事业。人类历史上从未像现在这样，可以让一般人有能力取得那么大的成就，而现在许多自己动手的创新者正充分运用他们的天分和技能来喂饱整个世界。

2. 新形成的科技慈善家

比尔·盖茨离开微软后，成立了一个基金

会，致力于将疫苗带给儿童和其他人。他并没有等待世界卫生组织加入，而是自掏腰包捐出 100 亿美元，组织团队从最需要的地方开始行动。更有意义的是，即便他可以开支票支付所有一切，通过他的参与，也使得许多原本可能闭上的门因此而开启。像比尔·盖茨这样，年轻时靠自己在科技界白手起家，现在决定要改变世界的，还大有人在。比尔·盖茨找来投资大师沃伦·巴菲特，一同邀请其他人做慈善，单单在 2010 年就有 69 位亿万富翁愿意在死后捐出一半以上的财产做慈善公益。一些具名同意的富翁包括乔治·索罗斯、特德·特纳、大卫·洛克菲勒、拉里·埃里森、保罗·艾伦、斯蒂夫·凯斯、皮埃尔·奥米德亚以及马克·扎克伯格等。这些都是背后拥有庞大资源的天才，而他们现在都专注在解决人类目前最迫切的问题上。

3. 新兴的数十亿消费者

全球最大的尚未开发的市场，是经济金字塔

最底层的 40 亿人口。这些所谓的底层数十亿人口，首次形成一个可开发的市场，因为他们联合起来的消费力非常惊人。只要想办法在帮助穷人脱贫的过程中和这个市场合作，就能找到十分惊人的成长机会。一旦这最底层的数十亿人口能够得到现在成熟市场才有的产品和服务，他们就会从最底层的数十亿人口变成上升的数十亿人口。他们联合起来的消费力会大到足以彻底改造这个世界。当这最底层的数十亿人口买得起智能手机时，新鲜的创意就能汇聚成巨大的力量。即使我们断言这即将兴起的最底层的数十亿人口将成为全世界的救赎，一点也不为过。

关键思维

有些最聪明的人在寻找下一个可以大展所长的地方，他们现在想要解决人类面临的最大问题，特别是教育、医疗和可持续能源。我相信他们绝对有能力解决这些领域的许多问题，并且将创造许多新的科技、新的公司和工作机会，带给世界亿万人富裕的生活。

——埃隆·马斯克，贝宝共同创办人

全球市场从未像现在一样能接触到这么多消费者和生产者。合作思考的可能性也突飞猛进，加上进步的成效会累积，因此产生的创新也会有惊人的增长。有史以来，新兴的数十亿人将有足够强大的力量，能够找出并执行自己的富足计划。而且拜网络所赐，这些解决方案在发展中国家将不致各自为政。

——彼得·戴曼迪斯　史蒂芬·科特勒

四　金字塔的顶层

一旦所有人都得到足够的用水、食物和所需的住所，下一阶段的发展就要看能否得到能源、教育和医疗。真正的富足必须无所不包，这样才能长久。人们一旦拥有这些资源，便开始努力增进个人的自由。自由是人类进步的直接受惠者。

富足的世界会需要许多能源、让人们得以创造幸福的免费教育，以及随处可得的医疗服务。一旦金字塔中间层的需求得到满足，人类就会想要自由地追求梦想。而这些领域都已经有明显的重大进展。

1. 能源

发展中国家缺乏传统的中央发电设施，或许对其发展反而有利。他们因此可以避开像工业国家那种大规模的燃煤和石油发电厂，而直接采用分布式小型再生能源设备。许多发展中国家都有大片的沙漠，正好是发展太阳能发电的绝佳环境，而且太阳能电池（将阳光转换为电力）的价格不断下降，性能则持续提升。风力发电技术也越来越进步，目前成本直逼燃煤发电。合成燃料也接近量产阶段，储存基本负载电力的电池科技也有重大发展。美国泰拉能源公司也正在研发一种独立的小型核子反应炉，这种密闭式的嵌入组件大到足以提供整座城市的用电。再将上述这些能源搭配智能电网，产生的供电效率将会比现在发达国家的供电系统高出数万倍。我们大可以预测在下一个 10 年内，随着各种科技越来越广泛地应用在不同的领域，这个世界会充满便宜、充足又环保的能源。因为能源支出是目前许多经济活动中的主要项目，未来通过屋顶的太阳能，将有机会带动全世界的经济增长率。如果太阳能的价格能依现在的速度持续下降，效能也依目前的速度持续上升，那么 18 年内，太阳能就能提供全世界所需要的能源。加上其他能源的发展，让所有人都能得到充足能源的梦想，很快就会实现。

2. 教育

接受更多教育，其长期利益是显而易见的，然而现在有所不同的是，传统的固定式教育制度明显已经过时。取而代之的方案像是“一童一笔电”计划——让每个孩子都有一台坚固、便宜、省电、可以上网的笔记本电脑。初步的目标是让每台电脑价格降到 100 美元，目前平均价格约是 180 美元。一旦儿童有了这些工具，他们就能加入自发性的学习组织进行自学，或通过 Skype 跟老师上课。网络上有各式各样不断增加的教育资源，包括寓教于乐的游戏。例如网络学校可汗学院已经有超过 2200 部 10～15 分钟的免费教学影片，内容从分子生物学、历史到二次方程式应有尽有。每个月至少有 200 万名学生利用这些教学资源，依照自己的进度来学习。不容忽略的是，教育制度也正在转变，让学习能够更个性化、更符合未来职场雇主的需求。

关键思维

只要结合无限运算、人工智能、无线宽带，还有低价的平板电脑，我们随时随地都能够提供几乎免费和个性化的教学。这是达到富足的绝佳推动力。想想看，会有几十亿受到鼓舞的小小心灵，因为展开发现之旅而激动不已，并且能利用他们得到的新知识和技能来改善生活。

——彼得·戴曼迪斯　史蒂芬·科特勒

3. 医疗

人们要感受到安全幸福，就必须在居住地附近有负担得起的高品质医疗服务。全世界的医学院毕业生人数逐年下降，但世界各地也未必一定要有长驻当地的医生，因为即将出现的科技很可能会让每个人成为自己的医疗保健公司的CEO。

微型医疗设备将会变得非常普遍，你只需要一滴血液、尿液或唾液的样本，就可以自行检查许多健康问题。过去需要医生长时间检查，或抽取一小瓶血液花数天或数周时间等待结果，现在用一滴血和 15 分钟轻松在家自行检验就可以——而且花费不到 1 美元。零花费的诊断和现在正在研发的外科手术机器人，都是革命性的突破。这些专门的机器人能精确进行简单可重复的手术（像是白内障手术），而且万无一失。如果手术中发生任何问题，外科医师也能从遥远的地方通过远程医疗提供协助。如今外科手术机器人已在世界各地开始协助骨科医生进行膝关节置换等精密手术，机器人护士则可以负责手术之后的复健。这些机器人护士也可以协助独居老人，或是提供癌症晚期病人安宁看护，以及提升全球各地的医疗服务。此外，干细胞的研究也日新月异，如果预期属实，为病人注射干细胞能够治疗疾病，那么就可能彻底改写未来的医疗保健。医疗保健正进入爆炸性转变的时期，未来世界上任何国家的人民，其健康水准都将提高。

关键思维

出生于婴儿潮时代的那些富人，会不惜重金换得多一点儿宝贵时间和心爱的人在一起。因此，这些年龄较长、经济较充裕、动机较强的人，会毫不犹豫地将每项新科技应用在医疗保健上。同样，就像20世纪70年代华尔街富商用的是公文包一般大小的手机，促成了数亿部诺基亚手机的发展，而这些手机现在在撒哈拉以南的非洲放眼皆是。《富足年代》中所提到的数十亿美元医疗研究经费和企业创新，也将很快能让地球上所有人受惠。有鉴于第一世界的医疗管理程序较有制度，却也较为僵化，这些突破性的医疗科技在美国正式通过立法核准之前，将有很大机会先在发展中国家见到落实的成效。

——彼得·戴曼迪斯　史蒂芬·科特勒

4. 自由

虽然自由的定义因人而异，但是能带来富足的科技，自然会产生较大的个人经济自由、更多的人权、更高的政治民主和透明化，以及随着言论自由而来赋予的个人权利。这些自由都非常重要，但赋予个人权利的影响最为深远。只要有信息与通讯工具，特别是网络应用工具，例如脸书、推特等，每个人现在都可以组织聚会，不管认识的还是不认识的。现代信息和通讯科技是个人进步和赋予个人权利的最佳工具。

关键思维

尽管信息和通讯科技是我们目前所知赋予个人权利的最好工具，但不论如何，它仅是一项工具，和所有其他工具一样，没有所谓好坏。水能载舟，亦能覆舟；通讯科技也是如此。如果有人对赋予个人权利有明显误解，那么运用这些科技就不能确保会带来更安全、更自由的世界。信息和通讯科技能提供的是一个格外宽广的合作平台。国家可以串连组织，组织可以串连人民，人民可以通过这些工具彼此串连来提升民主、平等和人权。事实上，现今世界形势复杂，这种合作有绝对的必要。如同谷歌董事长施密特和谷歌创意总监贾里德·科恩所指出的，在能力共享的新时代，没有人可以独自进步。但我们可以通过合作一起进步——这才是最重要的一点。

——彼得·戴曼迪斯　史蒂芬·科特勒

五　引爆更快的行动

想要加快脚步达到富足的目标，最好的方法就是鼓励竞争，给最先达成目标的人提供奖励。这是一种过去就用来促进人类进步的设计，而且事实证明奖励的方式确实可行。要得到富足，社会必须设下更大胆的目标，然后奖励那些最早提出解决之道的人。

奖励竞争曾经多次用来达成伟大目标，以下有几个例子：

（1）林白成功地从纽约飞到巴黎，赢得价值2.5万美元奖金的奥泰格奖。他的成功也造就了后来净值高达好几万亿美元的航空产业。

（2）1714年，英国国会提供了2万英镑作为奖金，征求第一个想出如何在大海中测量经度的人，最后由自学成才的钟表匠约翰·哈里森赢得这项大奖，他的发明也进一步发展成航海天文钟。

（3）1795 年，拿破仑拿出 6000 法郎作为奖金，征求能够想出保存食物方法的人，好让他的军队在远征俄国时有食物可吃。得到这笔奖金的是尼古拉·阿佩尔，他想出了罐头食物的基本制作方法，直到今天我们仍在使用。

奖励竞争的最大优点，是能吸引专业领域之外的人士参与。例如伯特·鲁坦以民营公司的姿态赢得 1000 万美元的太空飞行大奖时，其他参与的公司形成一种竞争，并且吸引了超过 10 亿美元的资金。奖励竞争之所以有效，是因为它能够激发人们无穷的想象。

关键思维

如果你想要在特定领域有所改变，特别是目标明确、可以测量时，奖励竞争非常有用，因为人类天生就喜欢竞争。我们喜欢挑战困难的目标。提供奖励，能够吸引世界上最聪明的人，不管他住在哪里或在哪里工作，都会愿意来解决你提出的问题。就如同设立奥泰格飞行大奖的雷蒙·奥泰格在上个世纪初所发现的，这种竞争可以改变世界。

——彼得·戴曼迪斯　史蒂芬·科特勒

奖励是产生革命性发明的动力。数个世纪以来，不论是统治者、皇家学会还是私人赞助者，都把奖励当作重要工具，用来解决迫切的社会问题和技术上的特殊挑战。

——麦肯锡顾问公司

奖励的另一项好处是能够吸引小型团体互相合作。过去的历史显示，成员来自各种不同背景的小团体，比资源充沛的政府或企业团体，更容易产生突破性的成果。奖励能够充分引发小型团体丰沛的活力和创造力。

奖励虽非万用灵丹，却可以用来有效解决追求富足过程中遇到的问题。因为要得到奖励，就必须在限定的时间内克服现实环境的限制，达到明确的目标。想想看，如果政府愿意拿出 10 亿美元，给第一个研发出艾滋病疗法或癌症疫苗的团队，会释放出多少创意——但他们反而把奖金交给本来就在进行研发的科学家而不是私人企业。通过这个方法，你可以找到一堆聪明的人，让他们花自己的钱来解决你的问题。同样的方法也可以用来解决在追求富足的过程中遇到的任何问题。

关键思维

一开始，别人会说你疯了，不可能成功的。慢慢地，大家就会说，你的想法或许有道理，但不值得这么做。到最后，每个人都会说我早就告诉你这是个绝妙的好点子！

——亚瑟·克拉克爵士，作家、发明家

革命性的创意都来自胡说八道。如果某个想法真的是一大突破，那么在它真正实现之前，大家一定会认为它不是疯了就是胡说八道——不然就不叫突破了。

——伯特·鲁坦

世界民间航天领域的开拓者

不管是要让世界变得更好，还是想出实际可行的方法来终结饥荒、提升所有人的生活水准，或是将每个人纳入网络世界等，都是正常人认为不可能做到的疯狂想法。然而想要改变世界，你必须要有点疯狂，有点天马行空。你不能依靠“专家”的意见，因为这些人花了一辈子在研究现状，他们不可能反过来说自己所知道的一切是错的、是在浪费时间。

美国航空航天局在 20 世纪 60 年代，让人类登陆月球并且平安返回地球的“阿波罗计划”，就是由一群二十几岁的工程师所策划的，他们愿意冒险并听从自己的内心。同样，20 世纪 90 年代的电子商务风潮也是由一群二十几岁的年轻人所推动。这不是巧合——年轻人向来都是驱动突破性创新的主力，虽然在尝试的过程中，短暂的失败或是小起小落在所难免；不过，失败是学习过程中必须付出的代价，如果你够细心，会发现失败能教你了解在真实世界中哪些是可行的。往前进步的关键，就是尽管一开始成果不如预期，仍要不断尝试。

创造富足的世界，是为了排除限制，进而创造各种可能性。有研究指出，2008 年的数字显示，一个人的年收入必须高于 7.5 万美元才能在美国享受挥霍的自由。大多数收入在这个水准以下的人，钱都花费在衣食住行、教育和医疗等必要支出上。一旦美国人的收入超过 7.5 万美元，才有多余的收入用来随心所欲地自由支配。

整体而言，能够满足基本生活需求的年收入大约是 1 万美元。假使全世界每个人都能够赚这么多钱，人类的生活品质就会得到极大的改善。有趣的是，如果在 20 年前，人们比较有钱时，通常会购买一些能够提高生活品质的东西——例如音响、照相机、娱乐设施、一整套百科全书等。现在这些东西全都变成智能手机的基本配备，而且只要拿出 1 万美元的一小部分就能到手——再花不到一杯咖啡的钱，就能购买手机里未附赠的应用程序。这就是富足的力量。

关键思维

我们不需要靠过去历史来帮助我们达到目标，我们可以靠自己。我们对富足有明确的目标，我们知道哪些科技还需要进一步发展——如果我们更愿意冒险，并知道如何擅用奖励——我们会知道如何更快往下一个阶段前进。不同于早期，我们不必苦等企业感兴趣或政府帮忙才能解决问题，我们可以自己动手处理。今日有一群科技慈善家很认真地提供大笔必要的种子资金（而且远超预期），而乐于自己动手的创新者也证明有能力作出贡献。同时，过去一直处在边缘的 1/4 人口——新兴的数十亿——也终于能够加入战局。更重要的是，这场战局不再是零和游戏。我们第一次终于可以不必再绞尽脑汁地想着要如何把饼切得更薄、更小，好分给更多人，因为我们现在知道如何制造更多的饼。人人都是赢家。

——彼得·戴曼迪斯　史蒂芬·科特勒

在今天联系十分便捷的世界，能随处解决问题，就能解决所有问题。此外，我们用来对付艰巨挑战的最佳利器，就是人类的智慧。信息和通讯的创新方法正迅速在全球传播。接下来的 8 年内，会有 30 亿新的上网人口参与全球对话，对全球经济作出贡献。他们的观点——我们过去从未有机会接触的观点——将带来新的发现、产品和创新，让所有人类受惠。

——彼得·戴曼迪斯　史蒂芬·科特勒

别怀疑“只要一小群有想法、肯投入的人，就能改变世界”。事实向来如此。

——玛格丽特·米德，美国人类学家

我们的员工里没有人是“专家”。很遗憾的是，当我们发现某个人自认是专家时，就不得不请他离开，因为真正知道自己在做什么的人，不会说自己是专家……不断思考未来，不断思考如何做得更多，会让你觉得没有什么是不可能的事。

——亨利·福特，福特汽车公司创办人

富足是一项计划，也是一种远景，后者尤其重要。重点是我们的远景形塑我们的真实，预测未来最好的方法就是自己把它创造出来。尽管《圣经》提出警言，但我们也别忘记，反之亦然：有远景才有荣景。把不可能变为可能，追求人人富足就是对未来充满想象。

——彼得·戴曼迪斯　史蒂芬·科特勒

商业模式创新工厂

企业与时俱进的唯一解决方案

The Business Model Innovation Factory

How to Stay Relevant When The

World is Changing

原著作者简介

索尔·卡普兰(Saul Kaplan)，毕业于伦斯勒理工学院及罗德岛大学，商业创新工厂创始人。卡普兰曾担任罗德岛经济发展公司的执行董事，也曾是埃森哲公司健康与生命科学实践事业单位的高级战略合作伙伴。曾在礼来公司的制药部门工作8年。定期为《哈佛商业评论》、《财富》和《彭博商业周刊》撰稿。

本文编译：乐为良

主要内容

5分钟摘要

属于创新者的时代

现在及不久的将来，谁能想出又新又好的商业模式——创造、提供、获取价值的方式——就能掌握最佳商业契机。如果你想在未来脱颖而出，就要学会如何使用创新的商业模式。

有些时候，以逐步改善的方式来调整你的商业模式是不够的，你必须对自己做的事进行重大改造——21 世纪初正是这种时刻。

我们有幸生活在一个有机会成就大事的时代。这是创新者的时代。我们不必发明任何新东西。新的商业模式往往只是结合和重组现有的科技和能力，以各种不同的方式来改变提供价值的方法。

关键思维

要说新的千禧年有什么是确定的，那就是变

化的步伐。新科技不断介入我们的生活，各种想法和做法快速传遍全世界。社交媒体让个人自我组织和重组的方式，是 20 世纪完全无法想象的事。我们生活在一个焦虑的时代，主要表现在经济方面的不确定性；但有一点是确定的：适用性比以往任何时候都更加稍纵即逝。如何在不断变化和不确定的世界中与时俱进，是这个时代最重要的课题之一。

——索尔·卡普兰

一　老方法不再奏效

面对破坏式创新的发生，多数领导者的反应，都是试图改善既有的商业模式。这是没用的。努力的结果最多只是延后不可避免的事。反之，你应该随时尝试新的商业模式——成为破坏者而不是受害者。

百视达 2002 年时拥有 5000 个零售点、6 万名员工和超过 50 亿美元的市值。然而，却在 2010 年申请破产。究竟发生了什么事？百视达被“奈飞”击败了——奈飞想出一个新的商业模式——交固定会费，而不是按片付费，彻底改变了产业常态。

这种破坏在现今商业环境下越来越常见。事实上，奈飞本身也面临被其他公司颠覆的危险，这些公司利用网络提供电影，而不用光盘。为了反击，奈飞独立出一家叫做 Quickster 的子公司，延续邮递光盘的旧业务，奈飞自己则加速进行网上串流服务。

关键思维

大部分有特殊强项的企业——例如美国在线拨接上网服务或博德斯书店——都无法针对人们的新需求（对我们而言是串流影音服务）而有卓越表现，只因为害怕损害原有业务。等到这些公司弄清楚他们错在不够关注新事物，却也只能拼力挣扎试图挽回。公司很少死于动作太快，多半是动作太慢。

——里德·哈斯廷斯，奈飞 CEO

严峻的现实是商业模式已经不像过去一样耐用，没有人拥有不被颠覆的免疫力。根本的挑战是如何成为破坏者，而不是受害者。要做到这点，就得创建一个工厂，不受既有商业模式限制，不断研发新的商业模式。

那么究竟什么是商业模式？你的商业模式就是公司创造、提供，然后获取价值的方式。换句话说，你的商业模式要回答 3 个问题：

1. **如何创造价值**

客户聘请你的公司、买你的产品或使用你的服务，完成他们想做的事。他们花钱请你提供协助。要提出有力且吸引人的价值主张，你得通过顾客的眼睛，洞悉他们真正请你做的是什么。

2. **如何提供价值**

知道自己要提供什么之后，就可以深入研究经营模式。找出核心能力——人、流程和技术——让你能稳健且大量提供该价值。除了核心能力，你还得把执行能力和支持能力加入其中。你可以描绘出这些功能如何互相关联，并且必须整合成一体，以便提供给顾客价值。

3. 如何获取价值

你的商业模式必然会要求你拿出一套可持续经营的财务模型。要弄清谁出钱？营收如何产生？有多少收入归为自己的收益，而不是落入供应商的口袋？要具体了解商业模式如何获取价值，设定价格有关键性的影响。频繁降价出售会让消费者觉得你的产品定价过高，他们就会等待之后更好的交易条件。你清楚掌握整个营收面后，接着就要检视经营成本——固定的、变动的、基础结构等。成本和运营收入会左右你最后从自己创造的附加价值中获得多少。

关键思维

组织无法在商业模式上创新，他们终日忙着

运转目前的商业模式，因而没有时间、精力或资源去设计、制作原型和测试新的模式。今天我们把创新焦点过度放在利用现行的商业模式提供新产品和服务，以及设法让现行的模式发挥更高的效率。这些的确是重要的事，但却不足以应付21世纪的网络世界，此时的商业模式已不像过去适用了。

——索尔·卡普兰

现实情况是多数公司不是忙着开发更好的捕鼠器，就是忙着寻找新途径，创造、制造或销售现有的捕鼠器，他们没有坐下来好好想想，一个能控制老鼠的新工具是不是更有意义。为什么有这么多公司无法在商业模式上创新？具体来说，至少有 10 个原因：

（1）多数 CEO 根本不想要新的商业模式——他们很满意目前的模式。

（2）没有人愿意被扣上终结成功商业模式的 CEO 之名。

（3）几乎所有公司都以产品为中心——产品为王，认为问题只在于找到会欣赏它的客户。

（4）信息科技强化了眼前的绩效，并取得优先地位。

（5）影响既有营收水准的竞食效应，使得很多创新模式根本不能上桌讨论，也被视为不可接受。

（6）高级主管高高在上，几乎没有实际接触客户或异议人士。

（7）贩卖现有产品比开发新项目更有赚头。

（8）很难预测新商业模式的投资报酬率，而现有模式的各种营收数字和状况，大家都知道且可量化。

（9）商业模式创新者被视为叛徒，而不是合作伙伴。

（10）没有人愿意在真实世界做实验，因此好点子大多无法从白板来到真实世界。

关键思维

所有领导者面对的挑战是，如何在整个组织辛苦努力运转既有模式时，再造一个商业模式。21 世纪迫切要求转型，而不是调整。新的商业模式无法通过目前的商业模式去臆测，而是必须学习从顾客的角度去观察。转型的商业模式设计必须着眼于改善顾客体验，而不是改善当前商业模式的绩效。商业模式的创新从一开始就要把终端使用者的心声和体验，带进迭代设计流程的核心。这是商业模式创新者一展身手的大好时机，也是创新者的时代。

——索尔·卡普兰

二　创新商业模式15原则

创新商业模式有15项可行原则，可分成联系、激励、转型3大主题。这15项原则交织在一起，能指引你制定和执行去创造、提供和获取价值的全新方式，让必要的商业模式成功转型。

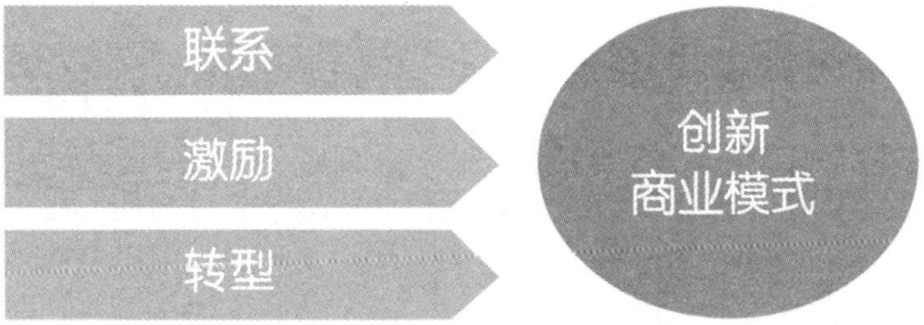

创新商业模式的秘方就是通过整合和重组组织内外及各单位的能力，探索提供客户价值的新途径。如果我们希望开发新的商业模式，就必须从象牙塔探出头去，并以平常心去接触不寻常之处的可能对象，来重组能力，以新颖且更好的方式来提供价值。

关键思维

好消息是：动荡时代正是创新者大展鸿图之时。坏消息是：创新已成为流行词汇。所有东西都可以创新，人人都是创新专家。我们必须避开流行词汇。我有个简单的定义：创新是提供价值的更好办法，创新和发明也迥然不同。我坚决认为，提供给顾客真正价值才算创新。

——索尔·卡普兰

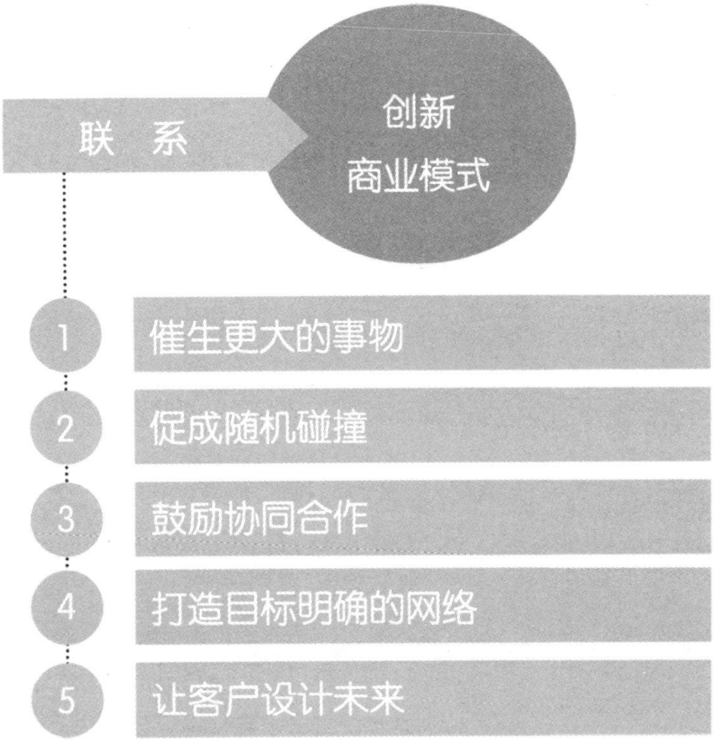

创新商业模式需要团队合作。它涉及跨部门甚至跨产业及跨学科的学习、协同合作和实验。你必须承认，没有一个人、一个部门或业务单位能无所不知，因此需要集结众人智慧。

联系 1：催生更大的事物

创新商业模式的第一步是从大处着眼，而不仅限于自己的组织。一开始就承认你不知道新的商业模式是什么样子、会如何运作，但你确实知道它肯定很好，所以会大胆去追求壮举。

要把创新商业模式当作史诗般的旅程来对待，并且记录下来。做这件事要像小孩儿探索世界那样睁大眼睛并大胆思考。请记住，你想改变世界，而不只是想适应既有的世界。

关键思维

创新商业模式就是催化出比你和组织更大的东西。

——索尔·卡普兰

联系 2：促成随机碰撞

要想出大胆的全新商业模式，就必须与观点不同的人进行交谈。不要只跟想法接近的人密谈，要去接触不常往来的可能对象。设法制造一些和非传统伙伴合作的机会。走出你的象牙塔，与外界交谈，听取他们的建议。

每个组织都有几位渴望改变世界的创新者。看看你能否结合几位怪咖，并同意与他们合作。他们很可能得出让你啧啧称奇的结果。

关键思维

商业模式创新者无所不在。他们利用当今科技优势，创造提供价值的新方法。我们只要从象牙塔看出去，就能向他们学习。有时，最令人振奋的创新者就在我们意想不到的地方，要不就是因为我们太关注目前的商业模式和产业状况，而没有注意到他们。现在该是扩大尝试并充分利用已知的科技带来破坏式创新的时候了。可供使用的科技，远多于我们知道如何应用的数量，科技并没有阻碍我们的去路，问题在我们自己身上。人类以及我们所处的象牙塔组织，都顽固地抗拒改变。如果我们虚心接受，便能向创新者学习，特别是向那些只能在不寻常之处找到的创新者学习。

——索尔·卡普兰

联系3：鼓励协同合作

听起来很奇怪，奇妙创新往往发生在不同的单位之间，而不是各自为政的单位之内。当你闭关自守，大家都知道游戏规则时，你反而看不见新鲜点子。当你跨越不同单位，从各方募集好点子时，便能解放你的心胸。未来改造商业模式的最大可能性，将来自不同部门不同能力的重新整合。

21世纪，绝大多数组织仍维持工业时代的层级结构和呈报系统。要深入挖掘已有的能力、专门知识和科技，你需要一个流动和灵活的网络。目前，商业模式的利益相关者可能会感到威胁，并拒绝提供协助，但要想出更新更好的东西，你必须重整各单位间的灰色地带。诀窍是利用通常不会在一起共事的人和资源，让他们互相碰撞。

关键思维

我们身处未知领域，赌注很高，很自然地倾向于微幅操作。有了协同合作网络，就可以加快实验、学习、分享和复制，就能更快成功。商业模式创新最有效的方法就是让所有部门和各自为政的单位协力合作。

——索尔·卡普兰

联系 4：打造目标明确的网络

在 21 世纪要提供价值给客户，就不能让工业时代的组织结构挡住去路。你必须组成流动的网络，以便取得各单位已有的资源，尽一切可能为客户创造价值。

对此，组成跨学科小组顾问来面对挑战和机遇是不错的做法，这类项目小组可以自由地组成或解散。你需要一个可供未来商业模式创新者所用的网络，有一定的覆盖范围、灵活度，并专注于客户价值。建立一个网络，可以用来调整、实验和创新商业模式。

联系5：让客户设计未来

开发市场要比瓜分市场好得多。开发一个成功的商业模式，是要让设计思维和流程发挥作用。同时，也要走出去与客户交谈。了解他们需要什么，并让他们的意见影响你正在开发的商业模式。

开发新的商业模式是一种亲临现场的体验，坐在自己的办公室是做不到的。你必须与客户面对面，并找出自己怎么做才可以改善顾客体验。你需要的信息就在那里等着你去发现。你只需要用心去了解内在的情况，并从客户的角度去看事情。

关键思维

如果我们坐等冗长的商业计划和周详的财务分析，再加上随机的双盲研究，来告诉我们新的商业模式是否可行，我们肯定要等很久。创新商业模式不是这样搞的。它需要热情探索，过程比传统科学方法还要繁复。它需要设计思维和流程，加上有力的故事描绘，来打造新颖的商业模式。我们必须多做尝试，设计思维和流程将大有帮助。

——索尔·卡普兰

商业模式创新者在本质上几乎都是乐观成性，他们满怀热情寻找更好的做事方式。想从这类人身上尽可能挖掘更多，你必须经常以可能实现的生动愿景为他们加油打气。

激励 6：融入故事

故事有神奇魅力，可以联系某种情感层面，把你带到未来。对任何创新者来说，讲故事都是

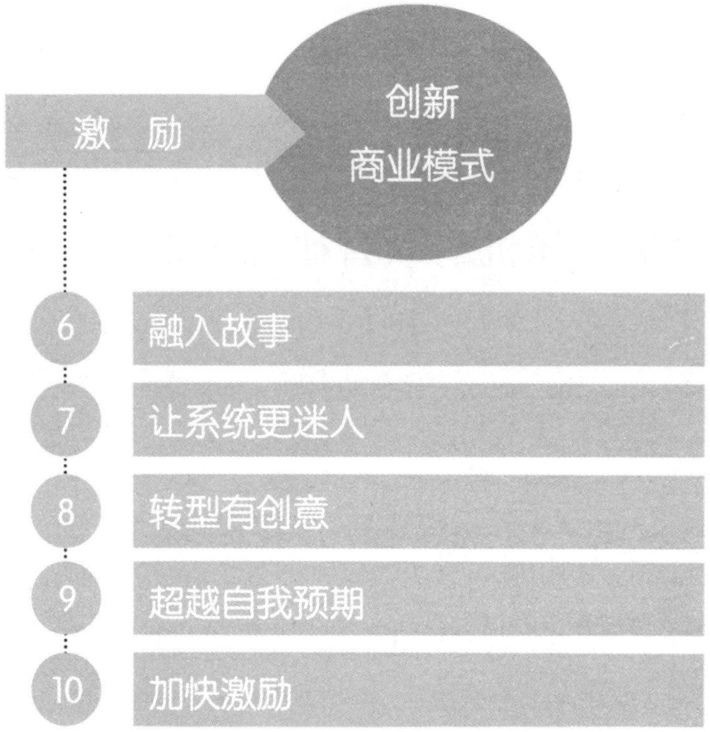

重要的手段，是鼓励更多商业模式创新的好方法。分享一些故事，生动呈现你想完成的事，员工便会让它们成真。

效果好的故事，其真正的诀窍在于，你必须交由听众自己决定故事中哪里最迷人、最有力。不要过度明示，而是让他们自己下结论，得出自己独到的见解。如果你能创造一个环境，有利于原创思维，然后以恰到好处的故事开始让球滚动，神奇的事就会发生。故事可以改变世界。

关键思维

事实就是事实，但故事代表我们是谁、我们如何学习，以及所有一切的意义。

——阿兰·韦伯

《快速公司》共同创办人

激励7：让系统更迷人

当你试着想象一个新的商业模式，必须从系统层面去思考。理由很明显，要开发更好的全新商业模式，你可能要动用别人握有的能力。你要有能力整合和重组不同的能力，尤其是那些你称之为“传统产业界限”之外的能力。

如果你要与不守目前行规的新玩家一争高下，你就得准备好突破束缚。这是成为市场开创者的唯一出路。不要试着从每个人都在做的事上挤出更多东西，你必须破除窠臼，设立新的系统层面的解决方案。除此之外，别无他法。

关键思维

系统层面的思维是最新潮流。改进现有的商业模式时，往往只需要专注模式中狭窄的个别元素就可以达成，而不必变动其他部分。创新商业模式则要求具有同时处理所有个别元素的能力。其中包括整合和重组的能力，即使不属于自己组织工作范围内的事。它要求从系统层面思考和行动。最有趣的创新商业模式要求更加开阔的视野，超出传统产业的界限。

——索尔·卡普兰

激励8：转型有创意

转变商业模式本质上必然是一种创意行为。请记住，就像人体有防御改变的机制那样，商业模式的再造也必然会遭遇抵制。要做好准备去克服阻力，通过设计、制作原型并在真实世界测试新的商业模式，确定哪些可行以及哪些可以扩大去做。

关键思维

创新商业模式不在于分析和规划，而在于促成尝试新方法，看看哪种做法有效。渐进式的改善，要求的是知而行之，而转型要求的则是行而知之。创新商业模式是一种促成的行为，要靠创意来执行。

——索尔·卡普兰

激励 9：超越自我预期

你可能没有注意到，世界正经历从知识经济转型为热情经济的阵痛。要实现值得一试的系统层面创新，你要有热情洋溢的领导者和组织，不达目标绝不罢休。没有热情，最多只是调整。

关键思维

释放热情，会为你注入无与伦比的能量。要求自己和团体多多动手。带着自信去冒险。提高赌注，其实你比想象中更能干。

——索尔·卡普兰

如果你所在的组织一味地认同你做生意的模式，这正好是探索和测试以热情为核心的新商业模式的时机。如果你的组织决定抵制变革，你要摆脱这种状况，因为群体智慧告诉我们，人们可以在热情感召下被动员起来。无人能抵挡这些为特定目标集结的新社交媒体。

——索尔·卡普兰

激励10：加快激励

除了释放热情，创新商业模式的另一个关键是以信心和乐观激发人们前进。与媒体大肆报道人类难以走出困境的陈词滥调截然不同，如果你想要他们创新成功，就必须指引大家迈向光明的未来，并且深具信心。

关键思维

理性是，也应该只是激情的奴隶。

——大卫·休谟，英国哲学家

我们眼前有千载难逢的机会。我们必须克服犬儒心态，释放热情，以乐观态度尝试更多事情。当然会有挑战，但我们活在科技发达的时代，有前所未有的大好机会自组目标特定的社交媒体，专门解决每天的大问题。

——索尔·卡普兰

此外，现在也该替职场重燃斗志了。20 世纪管理的重心多半是设法让人更有效地做同一件事；21 世纪将完全释放人类的创造力及热情。商业模式、激励措施和绩效管理都需要全新的做法。

渐进地改变之前的做事方式，未来将不再管

用。是时候打造全新的、光明的未来，并在这势头下实践你的新模式。

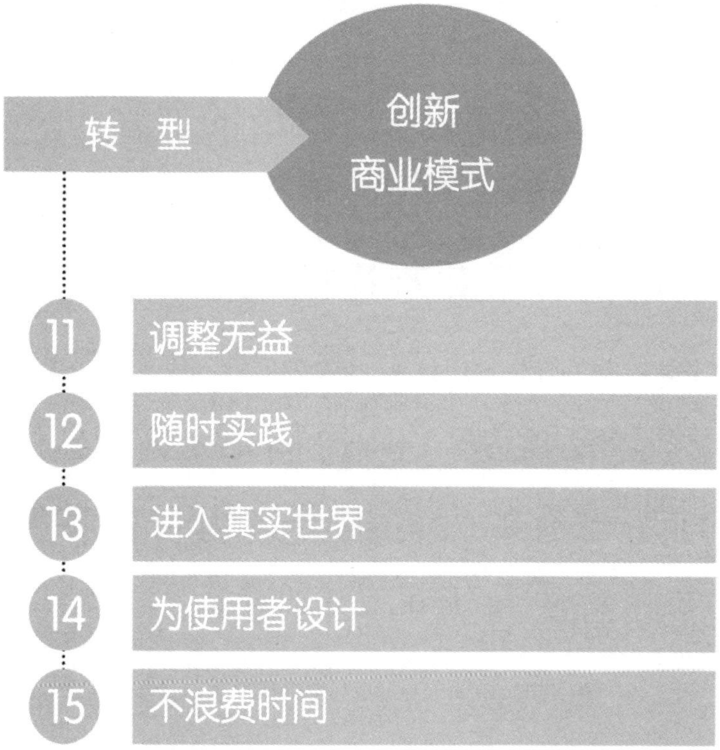

转型 11：调整无益

你不能只是轻微地改善过去的作业方式，或者只是找出并执行最佳作业方式来创造未来。创新商业模式就是要超越目前的商业模式限制，打造明天的最佳作业方式。

要找到明天的最佳作业方式，就要准备好挑战极限。务必投入至少 10％的时间和资源，探索新的商业模式。创新商业模式是大转型，而不是小调整。

关键思维

局限在所属产业内寻找最佳作业方式，显然太自我设限。新的竞争优势更有可能是来自观察和采纳毫不相关产业的最佳作业方式。领导者应该把更多可自由支配的时间花在其他产业、学科和部门。从不常往来的对象身上可以学到的新奇观点，与平常不断沟通想法的人相比要多得多。创造重大价值的机会，最有可能存在于各个封闭部门之间的灰色地带。要多出去走走。

——索尔·卡普兰

转型 12：随时实践

想要知道如何创新商业模式，最好的办法就

是不断尝试新点子。尝试不同的事物，了解什么行得通，什么行不通。

关键思维

我们要多多尝试。创新没有特效药，只能靠尝试来创造价值，并且不惜一切代价，即使要尝试 1000 件事情。创新商业模式需要进行更多尝试，超过我们今天应付自如的数量。光调整现有的商业模式是行不通的。持续创新的科技或许可以改善目前商业模式的效率，但不会促成我们想要并且需要的转型。我们必须学会利用科技达成破坏式创新，并且用来尝试新的商业模式。

——索尔·卡普兰

俗话说得好：大处着眼，小处着手，扩展要快。

从一个真的让人血脉贲张的庞大构想开始，并且让人分享你的热情。进行一些规模有限的尝试，看看实际可能发生的情况。找出什么可行，什么不可行，然后做好准备，推动有潜力的点子。不断进行尝试来加强你的学习。

转型 13：进入真实世界

在白板上勾勒新的商业模式很容易，但要让这些点子可执行就难了。养成尽快从理论进入实际的习惯。打造安全的避风港，让新的商业模式可以大展身手，不至于给现行作业带来任何麻烦。

关键思维

让我们选出几个城市，这些城市具有必要的公共和民间部门领导层、应变的机能、积极的社交媒体，并愿意担任必要转型的全国典范。让我们把城市变成创新热点和活生生的实验室。我们的公民期待已久。作为创新实验室的城市将是完美的平台，让所有组织在真实世界不断研发全新的商业模式。

——索尔·卡普兰

转型 14：为使用者设计

创新商业模式时，无论做什么事都要纳入终端使用者的心声。专心面对顾客体验和为求改善带来的必要改变。只有从消费者角度出发，解决方案才会有效，所以不要忽视它。

商业模式经常过度关注投入。请倒过来思考，从顾客角度关注产出。要知道，除非把产出交给客户，否则创新没有任何实质价值。与不同团体合作，让顾客对你想要达成的目标有更好的体验。

关键思维

洞察力始于同理心。把自己置身于终端使用者的心声和体验之中，将它摆在创新过程的核心，你的产品和服务就永远不会偏离正常轨道。我们这个时代的当务之急是充分发挥商业模式创新的威力。要释放这股威力，就要以客户的体验为核心，专注于产出，并从我们的象牙塔举目远望。

——索尔·卡普兰

转型 15：不浪费时间

创新确实刻不容缓。在今天的网络世界，新的商业模式很容易被边缘化。你要开始创造价值并备妥新系统，支持你继续往下做。如果动作不够迅速，别人就会去做，你就落后更多。

最重要的是，要留意如何才能成为市场开创者。在 1998～2008 年间，70 多家厂商推出 MP3 播放器，但只有苹果公司的商业模式奏效。苹果创新成功并且在数字音乐市场领先群伦，方式就是以生态系统（iTunes）配合 MP3 播放器(iPod)，方便消费者购买和享受音乐。苹果公司是市场开创者，其他人只是试图瓜分市场，而苹果已经因此得到回报。此即作为市场开创者的意义。

关键思维

市场开创者可以定规矩。他们替自己的市场定价，比市场瓜分者更有成长潜力。要不断寻找方法去成为市场开创者。市场开创者不仅创造更多价值，而且在过程中也更有趣味。此刻我们需要的是有紧迫感的市场开创者，因为浪费 10 年时间实在可怕。

——索尔·卡普兰

三　打造商业模式创新工厂

谈到创新商业模式，主要的问题多半是如何从事新的商业模式研发。诀窍是，在公司内成立一个部门，探索新的商业模式，而不是开发可以被目前商业模式商品化的新产品。这么做的确很困难，但值得一试。成功之道是把顾客放在商业模式的主导地位。

关键思维

在尝试新的商业模式时，我们必须更擅长维持目前的运营模式。以大爆炸的方式来推动组织或系统变革是很少行得通的。不要通过发动“战争”来转变根深蒂固的商业模式，而是要另外从旁打造一个真实世界的实验场，探索新一代转型的商业模式。要促成转型的变革，可考虑打造相近似的事物，作为创新的平台。

——索尔·卡普兰

商业模式创新的最佳实现方式是成立一个独立部门（有自己的领导者、员工和资源），直接向 CEO 呈报，而不是目前负责某产品线的经理。这个创新组织，你可以称之为“商业模式创新工厂”，可以通过与目前生产线近似的产品，测试新的商业模式。以相近似的事物来进行操作是聪明之举，因为其中会有许多你也用得着的跨领域的专业知识。

那么，你要如何配置商业模式创新工厂的人员？经验证明，创新工厂的人事安排最好是有弹性的，双方都可选择则更好。在创新上有想法者，会欣然接受这种机会，如果他们知道随时可以回归原单位，商业模式创新工厂自然就不那么可怕，而且更容易被接受。但也务必引进一些外人，因为他们将带来新的技能、不同的观点和新奇的思维。

健全的商业模式创新工厂需要 3 种人参与：

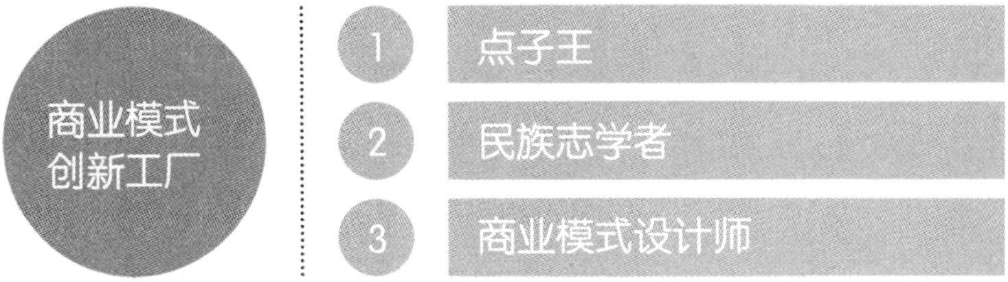

（1）点子王可以想出有创意的商业模式和概念。此时越多元越好，因为新的商业模式通常发生在独立部门、知名学科和传统产业项目之间的灰色地带。你需要能够自在地跨出一般限制，并以全新观点去思考的人。事实上，去拜访客户，也有助于激发一些无法从正常渠道得来的点子。

（2）民族志学者会将顾客心声带进新的商业模式之中。他们利用民族志研究以及直接观察的方法，发现顾客的实际需求，对顾客体验有深入的了解。引进顾客体验的知识，再加上对必要工作的了解，民族志学者会在创新上发挥宝贵的作用。

（3）商业模式设计者往往采取反复迭代的途径。他们了解设计的困难，因此选择合理的起点，然后观察和学习下一步怎么走，直到完成可复制的系统。商业模式设计就创新而言，事实上是把平常不会一起出现的能力重新组合起来。

除了替商业模式创新工厂找人，你还得替它找资源。启动创新商业模式的资金不能来自现有的业务单位，因为它们有不同的指标、基准和短期时间表。新的商业模式资金必须是长期且独立运用，并且不受现行商业模式的预算编制程序约束。单位主管不可能同意把资金提供给破坏他们目前收入来源的那些项目。

你也得花心思去想想如何克服阻碍创新商业模式的一些因素。如果你以生产线主管组成的委员会监督创新，他们只会批准支持目前商业模式的项目，而不会支持可能蚕食他们未来商业利益的项目。实际上，商业模式创新工厂唯一可行的途径是直接向 CEO 汇报。

关键思维

任何商业模式创新工厂都必须有能力建立和维持坚实的基础，在实验室中把顾客心声和体验放在所有活动的核心。这不是慎重的市场调查活动，而是持续以终端使用者的体验为依据，去理解和设计的。跳脱当前商业模式偏见的方法是从顾客切身利益着想，并找出方法强化或改变他们的印象，而不受目前公司的规则、流程和财务要求约束。

是设计新的商业模式及期待顾客会受到吸引并接受它，还是让顾客自己直接参与这个过程，哪个更好呢？如果我们不是基于对终端使用者深入了解来设计新的商业模式，而是真的把设计钥匙直接交到消费者手上，并协助他们从事设计、制作原型、测试又如何呢？或许，如果我们让客户设计商业模式，而此模式又正好有助于他们完成想要达成的事，他们将会更加支持及购买，并推荐给亲朋好友。

——索尔·卡普兰

四　商业模式不只服务企业

凡能创造、提供和获取价值的组织就有商业模式，甚至非营利组织也有自己的商业模式。机构如果想在未来几年跟得上时代，就必须有持续经营的商业模式，否则就离大限不远。这套思路也适用于个人的职业生涯。学习如何替自己的事业制定商业模式。商业模式不只服务企业。

认为商业模式只供企业使用是错误的。非营利组织、学校和政府部门等都要提供价值以回应他们收到的资金，也就是说它们的运作当中必然有个商业模式。凡有意与时俱进、提供相当规模的价值，并能保持运作的组织，都得说明和发展其商业模式。如果一个组织没有持续经营的商业模式，就无法在 21 世纪蓬勃发展。这也适用于所有组织，不管是国营单位还是私营单位。

许多非营利组织依靠少数的既定资金来源，如捐赠，作为持续经营的必要资金。这有个潜在的问题，因为捐赠总有用完的一天，通常捐赠也附加使用的条件和限制。通常还设有吓人的铁圈，想持续获得资金就必须跳越铁圈。相反，如果非营利组织也采取创新商业模式的途径，找到模式并开发新的收入机会，它们不仅生存无碍还能茁壮发展。非营利组织的领导者应该积极探索新的商业模式，以供未来好好应用。

关键思维

政府需要商业模式创新工厂的程度，不低于私人企业。调整当前政府的商业模式是没用的，我们需要尝试以公民为设计核心的新模式。在当前的模式下，借助于科技也没用。我们需要政府领导者愿意在真实世界中提供环境，以设计、制作原型和尝试新奇途径的方式，创造、提供和获取公民价值。我们需要的科技都有了。但工业时代形成的顽固组织，在抵制变革并阻碍我们尝试新方法。公共部门若有商业模式创新工厂，可以减轻恐惧和变革的风险，因为它是在较不具威胁性的近似区域以较小的规模测试，展示新模式的大概结构。

——索尔·卡普兰

在公共、私人、政府、非营利和营利部门，全都使用商业模式语言和方法的真正好处在于，不久的将来，要转变一个社会的制度，将需要跨部门的网络运营模式。大量新形态的混合结构已经开始出现——营利性质的社会企业、经营营利部门的非营利组织、持有强烈社会使命的营利机构等等。未来将有各式各样的实验，试图找寻提供社会服务的最佳方式。

关键思维

就像组织必须在运作现有模式的同时，还要

对探索新的商业模式充满紧迫感，社会体制也是如此。我们必须在持续保有目前的体制下，在真实世界探索及实践新的模式。社区需要商业模式创新工厂，在真实世界打造环境以研发新的社会制度。在商业模式和社会制度创新平台中成功定位自己的社区，不仅为本国公民提供更好的解决方案，也将创造更加繁荣的地方经济，吸引人才和资本。

——索尔·卡普兰

个人也需要商业模式。在21世纪，如果不能继续替雇主增强创造和获取价值的能力，你就有随时被淘汰的可能。万一成真，未来很可能无法拥有你渴望达成的个人影响力。

关键思维

帮助我们取得今日成就的技能和经验，与即将推动我们前进的技能和经验截然不同。我们都得再造自我——不仅为了回应当前的经济衰退，而且是回应我们事业和生命中多次发生的衰退。

——索尔·卡普兰

那么，要如何去创新个人的商业模式？有几个建议：

（1）保持高度学习曲线——或更准确来说，成为终身学习者。随时寻找新的定位，不断获取学习的机会。不断接触新观点并设法拓展新能力。欢迎学习的机会。

（2）接纳自我脆弱之处——要有信心克服障碍和壁垒，但同时承认，你并非无所不知。留意新颖的点子，并深入了解存在各学科、产业和部门之间的灰色地带。从实践中学习。

（3）学会协同合作——愿意与自己完全不同的人结盟，解决你们都懊恼的难题。不停寻找更好的做事方法。保持热情。

关键思维

创新者不断解构生活经验，并拿出新办法提供价值和解决日常问题，但很少发明新事物。创新者往往是以现有科技解决问题，并以新的配置方式重组能力，用更好的方式提供价值。你的商业模式是什么？你准备好重新打造它了吗？

——索尔·卡普兰

专家解读

老狗学不会新把戏

文/薛良凯

今天企业运营最害怕的问题，就是“老龄化”。老龄化指的并不是企业创业时间太长，更不是CEO或从业人员的年龄，而是面对事情的态度与处理方式。在老龄化企业中，新事物很难发生，突破性的想法无法萌芽，每一次创新都变得遥不可及。

企业老龄化不是病症，更像是一种集体心态，它不但会传染，还会在企业一代一代间遗传。正因如此，感染这种状况的企业很难自我治愈。许多企业很早就开始未雨绸缪，在内部建立新事业发展部门或是创新团队；已经出现老化征兆的企业，则不断亡羊补牢，在机制内不断翻新做法、寻求顾问指引或外部公司的协助。希望能够提供企业回春秘方，重新发掘出崭新的运营模式。

解读1：无法创新是因为对既有作业太熟悉

每一家企业稳定运营一阵子之后，为了追求产能扩大、成本降低，自然而然地就会发展出标准化程序。标准化能够解决很多问题：降低成本、风险，缩短学习过程等，可说是有百利而无一害。但标准化有一个大前提，那就是大环境必须相对保持稳定，如果这个前提改变，那么过度标准化反而会变成企业自己的牢笼。

初期过度成功的企业，除了工作流程标准化外，还会演化出一套特别的标准化思维。比方说当初的特别理念、捍卫的价值、降价策略、混搭模式、包装方法等。随着市场与环境不断变化，这些思路与策略会慢慢失效。上层管理者或许还在狐疑，这些成名招式应该不会有错，但下层员工已经嗅到大环境逐渐有天翻地覆的变化，人人都知道“老狗已经慢慢学不会新把戏了”。

解读 2：创新的问题是找不到价值感

任何产品或服务的提供者都该问自己这几个问题：消费者为什么要跟你买？你以为你是物超所值？你以为你是天下美馔？你以为你的商品非买不可？接着，你问问消费者同样的问题，看看他们是怎么回答的。在实地进行市场调查研究时发现，老化的企业自我感觉非常良好，他们猜测的理由与市场现况差距非常遥远，换句话说，他们的想法与消费者关心的议题形成巨大落差。总是猜不到消费者想什么，于是便陷入慌乱，不断在实验室中测试，但直到推出那一刻还是没人对自家产品有信心。说难听一点，他们是彻底与市场脱节了。

消费者追求的，是产品的外观与实用性，更是产品的价值感。在信息发达与口碑营销的年代，想要获得一个“赞”可不能仅靠一个“好”，而是要一举收买消费者的心。颠倒过来说，消费者为什么弃众多商品不顾，偏偏挑上你呢？是因为你有种对消费者有意义的价值感。身为企业家，找回那份珍贵的价值感比什么都重要。

解读 3：创新的问题是企业没看懂世界的变化

今天的研发、设计与生产能力，与 10 年前相比可以说有了大的进步。而未来的 10 年，每一项技术能力，也一定会不断面临爆炸性的变革。在这些可预期的变化之下，我们的世界以及各种产业都有波状变化与生命周期，波状是指产业需求像流行商品般有高有低，而生命周期是指随着取代性技术的发明，某些产业会从繁盛慢慢步入衰败。但无论是哪一种特性，都顺应了“世界天天都在不断变化”这个真理。

世界的现况是变化，它是一个变数（Variable）而非常数（Constant）。企业面对一个变数，最好的方式就是先认清这个事实，然后跟随时代脚步一起发生变化，随时以变化去迎合市场的需求。而在不同产业，对“变化”二字应该要有自己的一套经营方式。有时变化并非彻底的推翻与否定，而是渐进式的。有时变化是一种策略，是面对隐性需求的预先准备。当一个企业认知到世界多变化时，它就不会总是想着同一招，甚至天真地以为这一招能一路使到底。

实战锦囊1：创新的特效药是改变

创新跟破坏经常伴随发生，这一点都不难理解。创新经常是与众不同的，创新经常前所未有。既然又要不同又要未有，那肯定是破坏了原先的什么规矩，不然创新不会发生。

所以心态上我们可以把企业规则视为是种主观条件，但是客观条件是可以被改变的。企业鼓励每位员工，努力维系在轨道上运作的效能，同时也鼓励有能力的员工，如果在轨道外能更有效率地运作，那么不妨大胆一试。

创新需要改变一些事，企业不能也不应阻止改变的发生。企业的每一分子都应当明白，我们无法用相同的思维做出不一样的事业。改变是一种企业心态，而不仅仅是上级交付的任务。

实战锦囊 2：创新的门槛是行动

企业越大，每一个创意的阻碍也越大，每一道呈报与批准的关卡都能削弱计划实施的可能。所以原始的大计划，考虑到成本以及其他部门的衷心建议，实施可能性越来越小，以至于根本没必要去执行。这些都是企业创新的悲哀，也是遏止其他人进行创新的反面例证。

我相信每一家企业都有许多优秀的员工，他们能设计出让人非常佩服的项目，就算出了问题，也能随时靠着机智应变。但关键是企业不能总是让创新沦为口号，相反，企业不但要让员工思考如何创新，更重要的是动手去创新，没有执行的想法，跟没想法没什么两样。

实战锦囊 3：创新是企业每一个人的事

想让创新成为一家企业的真正力量，就要从上而下进行改变。我曾训练过一家企业，从领导者开始学习改变思维，再阶层式向下落实，短短几个月，我们就看到了具体的成效。然而那些不断厉声疾呼、要求基层员工创新，但是老板从来不参与第一线作战的企业，往往进步缓慢，而员工要求改变的心声很难上达。

由上而下的企业，就好像是吃西瓜，越往里面越甜，你不会怀疑他们的决心，成功只是时间的问题。由下而上的企业，就像是剥洋葱，一圈跟着一圈无奈，最后一路流泪到底。说得更明白一点，水往下流是天性，几乎不会有什么阻碍，往上提水自然费力许多。根据调查，多数企业创新的最大障碍，大部分都是人的问题，而非事的限制。

实战锦囊 4：擅用故事的力量

故事很棒，对内可以向同事展现出美妙的愿景，对外能吸引外人了解我们。从许多营销案例中不难发现，故事的真实性关系到以后营销的推广。但是我们应当注意，每一个成功的故事，都绝不是一开始先想好故事，然后开始设计，最后才是行动。刚好反过来，每一个成功的故事都是源自努力不懈的行动，然后注意每一个小细节，最后才逐渐形成一个故事。执行内心想到的点子，追求卓越，远远比只在脑海里想象要重要。

关于创新与创意这件事，他们就像我们身体里面一群不安分的基因，随时都有机会创造新的“商业模式”，这种原创的想法，既珍贵又脆弱。无论你在企业扮演什么角色，请好好珍惜这些基因。就像索尔·卡普兰说的，未来是商业模式创新者一展身手的大好时机，是创新者的时代。

作者简介

薛良凯，江湖人称福克斯，在朋友眼中是一个专门帮人解决问题的人。工作一直都跟写作、教育、顾问、出版、创意、营销、公益有关。现任普拉爵文创执行创意总监。与曹承础老师在台大 EMBA 开设创意与创造课程。对古埃及文化有浓厚兴趣，是古埃及文学校网站创办人。

从新网络时代胜出

Groundswell

Winning in a World Transformed by

Social Technologies

原著作者简介

李夏琳(Charlene Li),毕业于哈佛商学院,新兴科技分析师和 Altimeter Group 创办人,曾任 Forrester Research 科技产业市场调查公司的营销与媒体研究团队负责人、Community Newspaper 集团互动媒体发行人,后接任 Forrester Research 副总裁兼首席分析师。

乔希·贝诺夫(Josh Bernoff),毕业于美国宾夕法尼亚大学,曾任多家全球企业高级主管的策略顾问,包括 ABC、百思买、思科、美国有线电视业者 Comcast、巴黎欧莱雅、微软、索尼、TiVo 以及 Viacom 媒体集团。现为 Forrester Research 副总裁。

本文编译:黄玩

主要内容

关键词解读

网络论坛

Web 2.0 的精神，已经从众多网友之间的社交媒体互动，发展到企业组织内部社交媒体的运作，面对日益复杂的经营环境，企业更应擅用网络科技，发挥 Web 2.0 即时分享、协同作业的特性，与合作伙伴、客户及消费者进行互动，创新利润的来源。

许多知名企业早已敞开双臂拥抱社交媒体，例如 IBM 为员工创立了自己的社交媒体“蜂巢”(Beehive)，目前有 3 万名员工在使用。由于 IBM 的工程师彼此之间缺乏见面的机会，通过电子邮件或是视频会议进行交流会存在很多障碍，于是公司建立了一个名为“蜂巢”的内部社交媒体。IBM 的员工在这里建立个人档案并贴上照片，列出自己的兴趣爱好，同时对公司发生的事件或者个人生活中的点点滴滴发表评论。此外，还有一套名为“蓝色小子”(Small Blue) 的搜索引擎，用来寻找公司内的专家。该软件能够扫描员工的博客、电子邮件、即时通讯，然后对每个成员的专业特长作出总结。当其他员工输入不同搜索主题时，蓝色小子会进行扫描然后列出一份内部专家名单。

另一个成功运用社交媒体的公司是乐高(Lego)。乐高开始针对客户进行社交媒体经营时，注意到一群客户已自发性地建立了社交媒体网站 LUGNET（the International Lego Users Group Network），这群客户是把乐高当创作、对乐高年营收贡献将近10%的成年人，英文叫做AFOL（Adult Fans of Lego）。于是乐高决定自行建立社交媒体网站，改用一个称为“乐高大使”的名称，借此与顾客建立关系，同时通过大使帮助乐高了解这群 AFOL 顾客。大使们可以从公司内部拿到最新的产品信息，再通过他们的私人社交媒体发布信息，进而协助公司搜集和了解 AFOL 的反应，以及消费者需求共识，并确认大家对于乐高的想法。

桌面工具

桌面工具是一种迷你的应用程序，看起来像是小图片或小动画。和一般应用程序不同的是，桌面工具虽然有像计算器、时钟等操作系统自带的小程序，但它也可以让使用者随时在网络上取得更新的信息，例如全球各地区时间、气象、汇率、字典等，不需要再经过搜索、下载等过程。

网上广告也紧跟这一趋势，利用影片、游戏和动态内容，让大家可以植入自己的网页并和他人分享。华纳兄弟电影公司为电影《八月迷情》制作的桌面工具广告有剧照、预告片，还有查询邻近影院放映场次的功能。福特汽车利用美国在线网站的桌面工具推出网上广告，内容是推销车内智能手机和数字音乐装置系统 Sync，可提供一首免费下载歌曲，或观赏数段喜剧短片。

Google 也研发出自己的 Gadget Ad（交互式图片视频广告）。据 Google 表示，在 Google 网络播放的广告可接触到 8 亿人。与 Google 合作的企业包括：日产汽车结合 Google 地图提供的路况及其 Gadget Ad、拍卖商将拍卖实况放在相关的网站上、包装食品公司在其 Gadget Ad 中加入配方搜索引擎。因为这类小程序的散布非常容易，所以未来网络上的内容和广告可能会更加“工具化”，让广告主可以省略媒体的转介，直接与消费者沟通。

5分钟摘要

网络科技潮

网络科技潮主要是一股社会趋势。现在很多消费者会使用MySpace、博客等网络科技，来与他人互动、交换意见和互相帮忙，而不仅限于使用企业所提供的产品与服务。

网络科技潮就像是消费者所创造出的信息洪流，现在你们的顾客会根据成千上万的信息积极谈论你们的品牌，方式绝对不是你曾批准、审视或推出过的。网络科技潮可能会冲击企业传统的公关方法，完全掩盖掉你希望传达的信息。

无论你喜欢与否，网络科技潮都是既成的事实。在未来很可能会有更多科技化的工具出现，使消费者能够方便互动。有鉴于此，你应该先全力认识网络科技潮，然后想办法在这股浪潮下茁壮成长。

应对网络科技潮的一切相关做法，都应该依

循一项最高指导原则，就是要切记你必须全心建立并且增进顾客关系，而不是在相关科技上费心思。顾客是想用最新、最炫的网络科技，还是要使用摩斯密码来与你沟通，其实这根本不重要，重要的是与顾客的关系。如果你与客户的每一次接触都能给他们留下正面看法，网络科技潮就会是你的助力，而非阻力。

关键思维

网络科技潮是自发性的运动，消费者使用网上工具相互联系、主导个人体验，并且通过彼此达成各种需求，如信息、支持、构想、产品与议价筹码等。网络科技潮的范围广阔、瞬息万变，并且不断成长。它是全球性、势不可挡的，而且对于现今主宰局面的强大企业、机构及其领导阶层而言，都是全新的境界。对于在企业界服务的你来说，它会是一大挑战。

——李夏琳　贝诺夫

一　认识网络科技潮

网络科技潮造成消费者购买决策行为的永久性转变，现在他们不再倚靠企业发出的广告信息，而是与其他顾客直接互动，并吸取他们的经验。消费者在网上相互联系，并且交换意见。

目前至少有 6 种不同形式的科技，推动着这股网络潮流。

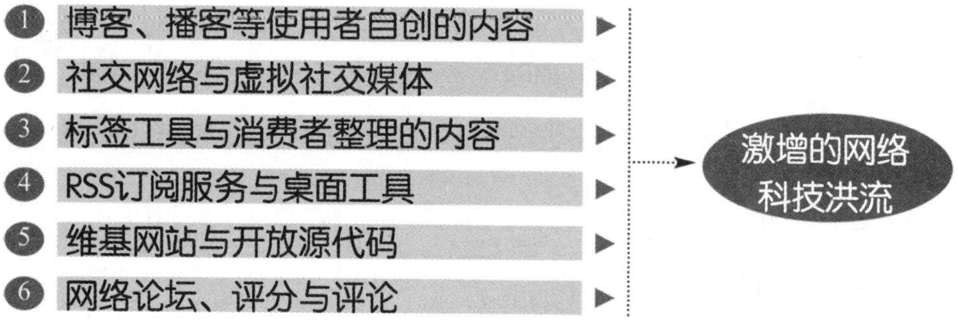

1. 博客、播客等使用者自创的内容

博客也就是网络日志，任何人皆可在其中表

达自己的想法与意见，没有经过任何编辑加工。播客则能够让人发表或“出版”影片等素材，以影像或声音格式供人下载和欣赏。

◎ 在美国，大约每4人之中就有1人经常阅读博客；而在日本，则有超过一半的成年网友会阅读博客。

◎ 博客、播客等各种使用者自创的内容，都是由纷杂的信息组合而成，其中包括个人意见、事实、谣传，以及相关素材的联系。关于利益冲突的揭露、消息来源的查证，以及向他人取得著作权许可，都没有任何规定。

你的当务之急：

（1）找出谈论你们公司的博客，看看网友有何意见。同样，也要搜索一些影音网站。

（2）开始在这些博客与影音网站发表评论，你要清楚表明自己的身份，不要伪装成没有利害关系的旁观者。

（3）制作你们自己的博客或影音素材，并且虚心接受网友回应时提出的建议。

（4）鼓励员工建立他们自己的博客，并提出适当的指导方针，以免泄漏财务等机密信息。

2. 社交网络与虚拟社交媒体

社交网站上有成千上万想要与其他人往来的会员。这些网站可以让会员建立个人账号，并与他人互动。更进一步，有许多人在使用虚拟社交媒体，成员可以用他们自己创造出来的虚拟身份来参与互动。

◎ 大约每4个美国人就有1人至少每个月会上一次社交网站。这类网站在韩国也极受欢迎，在欧洲就没有那么流行。

◎ 喜欢上社交网站的网友会花大量时间在这些网站上，至少有22%的青少年会每天浏览。

你的当务之急：

（1）注册为社交网站的会员，借此了解其中的动态。

（2）在社交网站上建立公司的账号，让会员将你们的品牌纳入他们的“好友”名单。

（3）体验一下虚拟社交媒体。庞蒂亚克汽车公司让顾客在“第二人生”里头试车，而Skittles果汁糖则在WeeWorld网站上登广告。

（4）可能的话，建立你们公司内部的社交网络，让顾客可以借此与公司员工以及其他顾客相互联系。

3. 标签工具与消费者整理的内容

标签工具可以让网站的浏览者依自己的喜好将网站内容加以分类，网友可以使用Digg等标签网站的服务，用自己选择的标签将任何网站进行分类。如果使用者选择将标签公开，别人就可以看见它们，还可以搜索所有标记类似标签的网站。

加上标签乍听之下似乎无伤大雅，然而有挑战的地方在于，其他人要将你或你的产品加上何种标签，完全不在你的掌控之中，而这个过程会牵涉许多个人的价值判断。有的人可能会将你们的产品加上“家畜改良”的标签，而另一个人却可能会将同样的产品加上“虐待动物”的标签。

利用标签工具的方式如下：

(1) 到标签网站上，看看其他人将你们的网站与产品加上哪些标签。

(2) 没有人说你不能给自己产出的内容加上标签，到标签网站上开设一个账号，用你喜欢的名称替你们公司的官网以及竞争对手的网站加上标签。用同样的方法标记你的博客。

(3) 一一浏览各种网络信息，以你自己的方式去整理。建立一套标签，将所有你喜爱的网站与网络文章都包含在内。在你们的网站加上注记，详细说明网友可以如何取得你的标签并且加以利用。加入这场标签的运动，并且尽可能好好运用。

4. RSS 订阅服务与桌面工具

RSS 就是“简易信息聚合”的缩写，这种工具可以让浏览你们网站的网友登记，只要你们网站发布了任何新信息，他们就会自动收到通知。你在自己这一端要设定好 RSS 订阅服务，读者那一端则会有相对应的浏览器。

桌面工具就是迷你的应用程序，会定期连上互联网以执行特定任务。你可以装上桌面气象工具，让它每隔 1 小时更新当地的天气预报，或者桌面油价工具，每隔 30 分钟更新油价变动。

◎ 超过 23%的美国人使用个性化首页，而且不论他们清楚与否，这些首页都使用 RSS 订阅服务。

◎ 超过 21%的网上消费者接触过桌面工具，甚至可能在自己不知情的状况下用过。

要善加利用 RSS 与桌面工具，方法如下：

（1）RSS 与桌面工具都是绝佳的营销工具，要让网友能够经由 RSS 的订阅服务获得你的博客、新闻稿、产品目录等任何适合的信息。

（2）熟悉桌面工具的整体概念，看看如何将它们与你们公司业务搭配起来。优比速快递公司提供给顾客一种桌面工具，随时更新托运包裹目前的配送位置。探索频道为《鲨鱼周》节目提供了以鲨鱼为主题的桌面工具，可以接收影片与宣传活动信息。桌面工具只要真的能吸引人且又有趣，就会像病毒般散播和流行。

5. 维基网站与开放源代码

维基一词源自夏威夷语的“快速”，让许多参与贡献者共同分担创造与维护内容的责任，维基百科就是维基网站实务操作最有名的例子。现在已有现成的软件，让任何人都能设置与管理维基网站。

开放源代码也是协同研发的成果，完成的产品所有权为大家共有，而且人人都能取得，Linux 等开放源代码的软件就是真实的成功故事。

◎ 超过 22%的美国成年网友表示，他们至少每月会使用一次维基百科。

◎ Linux 等开放源代码软件，如今已广为网络服务器使用。

以下是维基网站与开放源代码的运用方式：

（1）密切掌握任何描述你或你们公司产品的维基网页。这件事之所以重要，是因为这些网页在搜索引擎上的排名相当靠前面，如果有问题可以立即更正与事实不符的错误。

（2）将你们的顾客组成你们公司的维基网站，让他们提议未来产品研发的构想。

（3）设置公司内部的维基网站，把它作为协同作业的工具，供制作文件或产品规格的团队使用。维基网站在这方面相当有用，因为它们有开放浏览的页面，也有“讨论页”可用来私下讨论，并决定哪些内容可以曝光，这样可以激发许多正面的讨论。

6. 网络论坛、评分与评论

网络论坛是网友用来发布意见、评分与评论的公布栏。这些讨论都是“串联式”的，也就是说，发布的原文与回应是联系在一起的。网络上充斥着各式各样正在持续进行各种讨论的论坛。评论网站与评分网站甚至比论坛还要普遍。

◎ 大约有20%的美国人与日本人加入了网络论坛。

◎ 25%的美国人与德国人、20%的英国成年网友，以及38%的日本人会阅读评分网站。

要善加运用网络论坛、评分以及评论网站，可以尝试运用下列构想：

（1）论坛与评论网站之所以成功，是因为它们让网友可以尽情炫耀。为你们的顾客创建论坛，让他们可以来献宝。运气好的话，你最热心的顾客会以他们的文章激励其他人。

（2）追踪你们公司产品与服务的评分情况，密切掌握进行中的对话并且加入其中，不过你要表明自己的身份及工作。如果你试图隐匿身份，假装自己只是另一名参与讨论的顾客，就会处于危险之地。你终究会被识破，而且一旦发生，你就会焦头烂额。

（3）要留意一些网站，以找出你必须处理的潜在问题。

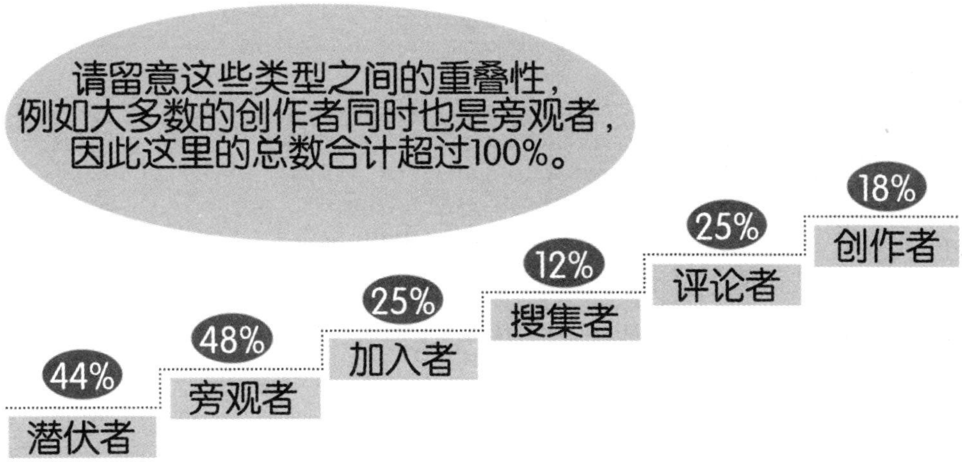

根据消费者参与的网络科技潮活动，把他们分成不同类型，其实是相当容易的。分类方式如下：

◎ 创作者——发表博客的人、发文的人、有网站的人等。

◎ 评论者——会去回应他人文章的人。

◎ 搜集者——会存留网址以及加入各种RSS订阅服务的人。

◎ 加入者——在社交网站有个人账号的人。

◎ 旁观者——乐意观赏他人产出的内容的人。

◎ 潜伏者——完全不参与这波网络科技潮的人。

依据消费者投入网络科技潮活动的方式来区分不同类型，你就能了解自己所希望打造的是何种关系，也会因此得知什么样的工具组合最适合运用。

关键思维

不论是要建立你自己的博客、在你们的网站上加进评分与评论、通过社交网络来做营销，还是使你们的顾客能够互相支持，你都可以通过网络科技潮获得利益。

——李夏琳　贝诺夫

二　擅用网络科技潮

乍看之下，网络科技潮似乎是极大的威胁，然而如果你设法去加以运用，而非一味抗拒，那么网络科技潮会是一大利好，能够让你的事业繁荣发展。

1. 倾听：运用网络科技潮进行顾客研究

首先，网络科技潮可以当成一项功能强大的研究工具，让你更加了解顾客以及他们的需求。所有网络科技都具备双向交流的特性，使它成为企业深入了解顾客的极佳方式，可以用来调整营销策略以及指引未来产品的研发走向。

更精确来说，网络科技潮让你能够密切掌握顾客彼此之间的对话，而不仅仅是作为公司单方面的对外宣传之用。企业界通常每年都要花上数十亿美元做市场调查，网络科技潮让你可以自己进行深入研究，并借此发现未来可用的新见解。

倾听的策略主要有下列3种：

（1）成立你们公司专属的社交媒体——可以通过一些公司的服务来完成。邀请你们公司的所有顾客成为社交媒体会员，并且尽量与他们互动。

（2）委请某家公司为你全面掌握品牌形象——经常浏览博客、论坛等网站，搜索任何关于你们公司或产品的新文章。然后他们可以对你提交摘要报告，在你们公司内部传阅。

（3）自己掌握品牌相关信息——搜索你们公司的产品名称，在博客网站上搜索博客，或者在标签网站上看看网友对你的看法。

除非你对于听到的内容作出回应，否则光是倾听这件事本身是不会产生任何效果的。要想运用你所听到的内容，可以尝试采用下列构想：

◎ 小处着眼——先从一个品牌开始，建立一套制度并使其运作，然后再考虑扩大你要倾听的范围。

◎ 组成团队——找经验丰富的人来帮助你处理一些大量涌入的信息，然后去了解分析信息得出的结果。

◎ 纳入高级人员——这个人选必须能够解读结果、向其他高级经理人提出建议，并且凸显有用的信息。

◎ 了解潜在顾客的类型——然后决定是该使用现有网站，还是要从头开始建立你们自己的社交媒体。

2. 对话：利用网络科技潮来宣传信息

你对网络科技潮有所了解之后，就可以开始投入目前正在进行的双向对话，这么做就能够开始利用网络科技潮，把你希望顾客听到的信息传播出去。这种方式非常适合用来扩大与加强你们可能已经在进行的数字营销活动，像是横幅广告、搜索引擎的关键字排名广告，或是电子邮件营销活动等。

和网络科技潮进行对话的方式有很多，最常见的4种是：

（1）制作并发布“病毒式”影片——让网友可以与亲朋好友公开分享的影片。如果你能制作出吸引人的影片，就会引起大众广泛的讨论，要利用这些影片把网友引导到可以与你们互动的社交媒体中。

（2）在社交网络中创造出象征你们公司品牌的人物——然后去做各种符合品牌形象的事。让消费者将你纳入他们的社交网络，并且开始对话。有些企业制作了虚拟角色以及故意“装俗”的宣传素材，让这些虚拟角色面对各种常见的难题，呈现出他们因为使用了你们公司的产品或服务而解决问题。只要处理得当，这种方式会变得好记又幽默。

（3）积极投入博客圈——鼓励公司高级主管与员工撰写博客，同时你自己也要回应其他现有的博客。要让博客成为你的助力，就必须遵循下列简单的基本规则：

◎ 在投入之前，你要先去阅读既有的博客。

◎ 决定你的博客要达成什么目标，这样才会前后一致。

◎ 预估你的投资报酬率。

◎ 制定适用于全公司的博客方案。

◎ 学习撰写优质的博客文章。

◎ 制定公司内部的编辑流程。

◎ 让你的博客能够跟你们公司网站有所联系。

◎ 利用各种机会推广你的博客。

◎ 回复问题以增加博客的价值。

◎ 即使出错了，也要永远诚实。

（4）建立社交媒体——用来吸引顾客参与，并为他们创造更多价值。宝洁公司通过Beinggirl.com 网站非常有效地做到了这点，这个网站锁定的是 13～15 岁、希望了解女性用品的青少年女性。每个月有超过 200 万人次访问这个网站，它帮助这些年轻女生克服了难以启齿的成人问题。宝洁推广这个网站的方式是：

◎ 在她们的健康教育教材中提及这个网站。

◎ 每周寄送电子邮件给注册为会员的女生。

◎ 免费提供宝洁的试用品。

当你拥有天生就是加入者类型的热忱顾客时，建立社交媒体是非常合理的做法。如果在纯粹推销产品之外，还能有吸引人的核心主题，那就会有所帮助。例如，如果你成立社交媒体，让顾客得以借此获得必要的支持信息与协助，或许更能擅用顾客的终身价值。要牢记的是，想让社交媒体发挥效用，你就必须长期耕耘。成立社交媒体并不需要太多花费，但是必须给予支持与维护才能达到长期的效果。设立社交媒体却没有适度支持与维护，是相当不利的事。除非你能确定想象中的利益确实会实现，否则就不要去做。

3．激发：找到好顾客，大力推动口碑

口碑是网络科技潮当中一股非常强大的力

量。如果你够聪明，就会利用它来缔造持续的销售。口碑之所以有效，是因为：

◎ 它很可信，而且比付费的广告更值得信赖。

◎ 当你听到的次数越多，效果就会自动加强。

◎ 不需要外力就会自行散布。

◎ 无法作假，只能鼓励。

如果你可以把顾客变成你们品牌的热情支持者，就能获得很好的成果。想要和你的热情支持者互动，可以使用下列3种基本方式：

（1）提供评分与评论——让顾客提出使用你们产品的心得，而且要完全公开所有正反面的评论。有热忱的人会乐于曝光，而且往往会高度重视评论新商品的责任。要方便大家对你的商品给予评分。

（2）建立稳固而活跃的社交媒体——并与你们的顾客保持接触。实际来说，就是要设法让顾客能够彼此互动，并且共同合作去解决各自的问题。这不仅可以降低你的客服成本，还可以激发顾客的热忱，让他们有机会做些有趣的事情。

（3）积极参与品牌热情支持者的社交媒体——更进一步满足他们的需求。特别注意社交媒体中提出的各种改进构想，并尽量擅用这些建议。如果可能的话，在你们的使用者社交媒体中建立某种高级会员的资格，提供他们专属的报偿与奖励。只要奖励够吸引人，大家就会为了晋升到高级会员而激烈竞争。

要注意的是，当你努力激发顾客热忱并创造更多品牌的热情支持者时，你必须做好准备去采取新的思考方式。激发的效力会非常强大，但也有风险。如果你们的社交媒体提出了某个构想，你最好有准备去实行社交媒体所建议的事项，不然就要有充分的理由去说明为什么不做。

激发顾客热忱以增进口碑的传播，通常需要5个步骤：

（1）想清楚自己是否应该激发你们的顾

客——因为这个方法对于销售大宗商品的企业来说，并不是那么有效。

(2) 对你们主要顾客的背景要有所认识——了解他们是否已经搭上这股网络科技潮。

(3) 要问："我们的顾客面临什么问题?"——他们购买你们的产品或服务到底是想达成什么目的? 要把这个问题列为你着力的重点，而非放在你们的产品上。

(4) 选定适合你们公司运用的媒介——不论是社交媒体、开放的评分系统，还是任何的媒介，重点是要找出最合适的工具。

(5) 除非你打算长期耕耘，否则根本就不要进行——因为随着这段过程不断成长与演进，持续修正是绝对必要的。如果你不能坚持下去，大家就会认为你没有决心。

4. 协助：设置网络科技工具，让顾客能够互助

客服对企业而言无疑是一项沉重的负担，一

个打到客服中心的电话，通常的服务成本就要花上6美元到7美元，而如果与科技有关，还可能要乘上2倍，所有来电会耗费数十亿美元。然而，网络科技潮带来了一项令人惊讶的效果，那就是只要一有机会，大家就会十分乐于去帮助完全不认识的人。你应该设法促成这种情形的发生。

要怎么做到这一点？其实你有很多方法可以选择，例如：

◎ 设立公布栏或是客服论坛，让网友发文提问，其他人发文解答。

◎ 成立维基网站，让大家可以合力创造有价值又有趣的东西。

◎ 设立网上问答资料库，将你们的论坛或公布栏中所有的问题和答案整理到同一个地方。

如果你决定要开始这么做，打造你们自己的客服机制，必须牢记下列简单的基本原则：

（1）从小处着手——即使你打算很快扩展规

模也一样。或许可以先从1～2项产品线开始，在针对你们所有商品提供完整客服之前，先解决所有的小问题。

（2）先去接触你们最活跃的顾客——找出你们的热情支持者，询问他们参与的意愿。要留意他们的建议与喜好，并设法确保他们会参与。

（3）有计划地提升你们社交媒体的浏览量——在顾客购物的地方做广告，四处放上你们的网址，尤其是在使用手册里。购买搜索网站的排名广告，借以增加知名度。

（4）建立起某种声望制度——用来表彰最佳使用者的贡献。努力让你们的热情支持者能尽情发挥。大多数人都喜欢各种各样的竞争，所以去迎合这种天性会很有用。

（5）让你们的顾客设定你未来该走的方向——换句话说，就是要让你们的顾客来引导你。你们的使用者会明确指出你应该思考哪些产品功能，以及这个社交媒体未来应该如何演变。

他们会让你知道哪里做得好，哪里做得不好，要特别留意。

当你让顾客能够彼此支持时，你们公司就会因此而改变。你们的社交媒体会成为活跃的实验室，让顾客能在其中畅所欲言，要把它视为大好良机，而非威胁。任何事都可以是讨论的主题，不论是你的定价、竞争对手、业务人员使用的战术，还是研发中的新产品等，都会成为话题。设立并经营社交媒体，至少可以让你清楚掌握目前讨论的风向，而不是让大家在你背后议论纷纷。如果你与顾客合力创造出更优质的产品与服务，最终一定会为你带来利益。

5. 接纳：将顾客整合进运营模式之中

你倾听顾客、和顾客对话、与顾客合作，或者是激发顾客的热忱，都是在让顾客密切参与运营流程。这其实是非常好的事情，能让你有办法创造顾客想要的创新产品。更甚者，你会因为接纳网络科技潮而快速获得新的产品构想。

接纳网络科技潮尤其会加速你的产品研发作业，原因有 2 个：

（1）顾客会很快告诉你他们想要什么——他们会使用你的产品，立即提出意见，并且马上建议新的构想。不需要长时间的酝酿，构想就会奔涌而出。

（2）你们的顾客实际参与其中时，很容易重复这个过程——向他们提供初期的原型商品，再根据他们的意见继续改进。同样，这个过程也是即时的，你不必再经过冗长的过程，而是会很快获得意见与建议。

需要记住的是，你将顾客纳入创新与产品研发的流程时，将会面临一定的挑战。你的顾客一定会想着把一切导向你从未想象过的发展方向，而他们所提出的见解与建议很可能与你当前的看法相左，重点是这些建议都是有利的，能让你不再把资源浪费在上市后不会成功的构想上。

那么到底该如何应付顾客提出的大量构想

呢？可以参考下列建议：

（1）设立新构想的评分系统——由顾客票选他们认为最重要的构想，让最佳构想能够浮出台面，并且列为你们公司的优先项目。另外还会有一些你该忽略的古怪想法，会伴随着那些绝佳构想一起出现，所以要援引整个社交媒体的帮助来过滤不合宜的想法。

（2）直接向你们的顾客征求构想——在你们的网站上设置一个可以让他们提出建议及浏览他人建议的空间，另外也可以为所有贡献者举办每周抽奖等类似的活动。挑选网友提出的20或30个好构想，让顾客票选哪一个是最佳。尽可能多地去实现这些构想，并且公布执行过程与原因，这么做能让你与众不同。

（3）让顾客公开评论你们的产品与服务——并且在你们的网站上贴文发表正反两面的评论供大家参考。接下来就要去做些完全出人意料的事情，也就是修正评论中所指出的问题，这样会在顾客间造成很大的话题。

基本原则是，不论你从事什么样的业务，都要让你们的顾客帮助你进步。不要光是征求意见，而是要将意见完全公开，不论是褒是贬，把一切都摊在阳光下，这样会比让大家通过网络科技在背后抱怨，而你却一无所知要好得多。如果你挨炮轰，正好可以刺激你用比自己想象中更快的速度加以改正。你的回应和开诚布公的勇气将会给人留下深刻的印象。

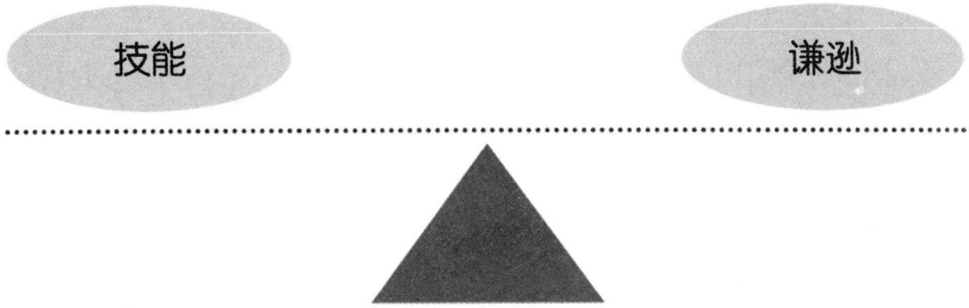

以这种方式去接纳你们顾客的意见，其实就是在技能与谦逊之间取得微妙平衡。一方面来说，你的工程师与营销人员都非常擅长自己的工作，要他们去回应所有人的建议而影响自己的作

业效率，似乎没什么道理。但从另一方面来说，没有人永远是对的，即使是绩效高手也难免会出错。取得平衡的方式，就是要请顾客提出建议，然后要你的员工把这些构想纳入考虑，并将任何扎实、合理的构想付诸实践。和顾客展开对话然后发挥你的技能，确实能够让创新的速度加快。

明智的企业会同时进行天平两端的工作，怀着谦逊的态度去倾听顾客的意见，然后施展他们的技能去充分运用这些建议，这就是利用与接纳网络科技潮的真正意义。事实上，这样可以让你离公司下一项成功的创新更接近。

关键思维

营销部门必须培养新的技能，去倾听并回应来自网络的意见。要让你们组织内的营销人员了解如何一一回应顾客，借以做好准备。要把营销人员视为这些对话的中介者。

网络科技潮的现象不会昙花一现，而促成这个现象的科技正以前所未有的速度加速演化，然而这个现象的本身，来自人类想要互动的无穷渴望。这个现象已经使世界的运作方式产生了恒久、可持续的转变。

网络科技潮是由以下 3 股力量相互冲击出来的，那就是：人、科技与经济。

先说人，人向来就互相依赖，并且从彼此之间汲取力量。此外，人总是会反抗组织的力量。组织的规模经济与其成员的反抗之间，原本存在某种平衡，却因为社交科技的出现与传播而发生转变。

科技，网络科技潮的第 2 股驱动力，彻底改变了人类社交互动的方式。如今让人与人可以彼此联系的软件，已经有庞大的使用人数。上网的便捷，催生了不同的软件，不仅互动性更强，而且更人性化。

网络科技潮的第 3 股驱动力就是网络经济：

在互联网上，流量就等于金钱。广告人了解到，有流量代表着消费者会把时间与注意力用在上网方面，于是会设法将这些注意力转换为广告的力量。你甚至不必自己去卖广告空间，只要在一些搜索网站上为你的网站注册，就可以让这个网站帮你卖出广告空间并共享收入。

这3股力量共同创造了一个新时代，我们把这种飞快成长的现象称为网络科技潮。它不仅已经发生，而且正在急速演进，将给经营策略带来惊人的挑战。

网络科技潮改变了权力的平衡。

——李夏琳　贝诺夫

三　网络科技潮的未来

如今这股趋势已然成形，既定的经营模式已经不合时宜，虽然网络科技潮是不会倒流的，但这也没问题。事实上，搭上这股网络科技潮可以让你们公司脱胎换骨，使你朝顾客导向方面转变。不仅如此，网络科技潮还能让绝佳的构想从你们公司的最底层浮现出来。要想有更光明的前途，就要将网络科技潮的观念整合进你的各项工作之中。

顺应网络科技潮去调整你们公司的发展方向，可以说是彻底转型，但那会让你们公司更壮大、更优异。戴尔与联合利华等大企业都从传统的营销导向彻底转型为网络科技潮导向，而将来会有更多企业追随他们的脚步。毕竟，以顾客为组织核心的观念，听着一向都很有道理，而网络科技潮能让它成真。

如果你打算推动更顺应网络科技潮趋势的转型作业，就必须牢记下列3项要素：

（1）步步为营——要预留足够的时间让人调整心态。先累积小规模的成功，并且让员工调整他们的观念，再彻底改变你们公司的经营模式。

（2）顺其自然——先达成一项策略，然后再进行另一项。或许可以先从能引发更多思考的次要策略开始，让这些思考引导大家接纳网络科技潮。不要想着一次就实施所有策略，那只会让人困惑而想要维持现状。要制定合理的计划与愿景。

（3）确认高级主管是坚定支持转型作业的——要让你的构想与新方案能够持续推动，就必须让高级管理团队的成员接受网络科技潮的观念。你或许可以自己去做些基层的工作，但是要促成大规模的转变，就要先取得管理阶层的认同。

要牢记上述这3项要素，此外还有几项构想可以让其他企业成功搭上这波网络科技潮。目前为止出现了以下几项有效做法：

（1）最重要的是，要先从小处着手——你在你们组织里的政治资源有限，所以要慎选战场。先做出成果来证明自己的提议确实可行，并以此作为未来发展之路。

（2）教会你们的高级主管——要让他们亲身使用网络科技。你或许可以设置内部的博客、社交网络，以及维基网站等协同作业机制，在实际与顾客互动之前先展现它们的好处。高级主管会认定大多数网络科技都是小孩子的玩意儿，所以要让他们跟上潮流是不容易的。

（3）找到合适的人选来主导网络科技潮的方案——也就是对此抱持热忱的人，而不是看谁的行程表有空档就由谁负责。要找到对于建立良好顾客关系充满热忱的人。通常你会看出谁是合适的人选，因为他们在大多数对话中都会提到“顾客”这个词。

（4）要让你的科技伙伴与合作厂商都跟上脚步——这样他们才能在你目前努力的基础上继续发展。如果这些人不了解网络科技潮，也不愿意投资时间与资源去跟上潮流，或许你就该另寻伙伴与合作厂商，需要他人的协助才能促成改变。

（5）持续规划——不只是你下一步该采取的步骤，还有你的长远发展方向。要将网络科技潮整合进你们的运营模式，就得花上不少时间。你的愿景要能够带领大家向前迈进，走过不可避免的崎岖道路。试着描述自己希望未来的顾客关系会是如何。你要明白自己不见得会知道该使用何种科技才能达成理想中的顾客关系，但是要设想你希望与顾客进行的对话是什么样子。如果你的愿景清楚且又有吸引力，你就有办法在网络科技潮中屹立不倒。

网络科技潮不仅可以改变你和顾客的互动方式，还可以改变你管理与协助自己员工的方式。

以下举出几个例证：

◎百思买拥有1200多个电器门店，店里的销售人员都穿着蓝色的马球衫。该公司有2名营销人员想着该如何有效运用公司第一线销售人员对顾客的了解，于是就成立了“全国蓝衫网”。这个网站成立于2006年2月，到了2007年10月，每个月就有超过1.4万人次登陆浏览。全国蓝衫网获得极大的成功，管理阶层能够即时获得顾客对产品的意见，以及新产品的接受度。员工通过这个网站可以互相帮忙，不需要经理人的监督，甚至是建议。

原本要花上数星期层层上报的问题，变成只需要1～2天就可以解决，因为大家可以互相联系与讨论。当该公司提议调整员工折扣时，引发了大量的激烈意见与回应，于是这项决定被迅速撤回。整体而言，全国蓝衫网加强了管理阶层与部属的联系，以及员工合作处理问题的能力。

◎Razorfish是世界上最大的互动广告代理

商之一，公司的组织是以项目为中心，而这些项目可以从以维基网站形式建立的内部网络查询。该公司员工也使用了博客，用来分享他们的技能与构想。项目团队会将项目概要、团队成员简介、会议记录以及协同作业的成果，全都储存于服务器中，所有相关人员都能登陆浏览。这不仅使公司得以快速行动，同时使管理阶层也可以即时掌握组织的脉动，并加以应对。

◎英特尔在2006年秋天成立了内部的维基网站，称为《英特尔百科》。两年后，里面已经有超过2万个条目。更甚者，对这样一家高科技公司而言，过期的信息可以立刻被删除，用新信息来取代。《英特尔百科》已经成为该公司员工日常工作中不可或缺的一部分。

◎加拿大贝尔电信公司设立了名叫“ID－ah!”的内部网站，公司内任何人都能提出构想，让员工票选。在成立的前18个月里，大家就提出了超过1000个构想，排在前27名的构想被管理阶层纳入评估，并且实施了其中12个，为该公司省下数百万美元。更重要的是，该公司员工对于公司的认同感与责任感也都因此而提升。员工认为他们能够让公司更进步，而不只是期待会有什么改变和每天打卡上下班。

如果你静下来检视这些运用初期网络科技潮成功的企业案例，就会清楚发现几项重要的经验：

（1）只有当员工认为管理阶层真心倾听时，才能成功地在内部建立起网络科技潮的观念——不然一切似乎都没有多大意义。对于员工参与内部协同作业的努力不能没有回应，只有让员工知道管理阶层会倾听他们公开提出的意见，而不会去排挤和惩处意见不同的人，他们才会参与。

（2）网络科技潮的观念不会在企业组织中自然建立——事实上，表达意见在一开始时会被视为异类，这再度显示出管理阶层参与的重要性。当员工注意到管理阶层会花时间与努力去回应他们所发布的内容时，他们就会去使用这些科技。

（3）有计划地分阶段提高参与度——直到达到关键数量为止。没有参与意愿的员工会影响你努力的效果，但是强制参与也行不通。最好采取鼓励的方式，不要强迫员工参与。一旦初期成功的消息传开了，大家自然就会加入。要让人觉得你使用的网络科技非常有价值，最重要的是要好用，这样你就不必担心无法成为话题了。

（4）找出内部的反对者并积极鼓励他们参与——也就是那些迫不及待想要谈论哪里出错的人。他们会很高兴自己的评论有机会受到重视，而且他们的热忱很有感染力。他们会创造自己的内部网络科技潮，所以要给他们施展的天地。

（5）千万别忘了，人际关系永远比科技重要——所以要记得，真正的秘诀不在于你想要使用的科技，而在于你们的企业文化。设法引起员工的共鸣，并建立起良好的关系。

那么，网络科技潮的未来将会怎样？运用网

络科技的成本相当低廉，设立与改善也相当容易，使得网络科技潮很容易融入未来的各种商业活动之中。下面做进一步详细说明：

◎ 社交网络将会在全世界广泛使用。

◎ 所有交易都会被评论以及评分。

◎ 标签会成为我们搜索事物的依据。

◎ RSS 订阅服务会提供给我们有用的最新信息。

◎ RSS 阅读器将会变成如网络浏览器般普及。

总之，网络科技潮会把我们生活中想做的事情全部纳入其中，它会提供各种信息，让我们每个人在事业和人生中都能作出更好的决定；它会让企业有能力制造出大受欢迎的新一代产品，而不是在上市之后就听天由命。

要想做好准备去迎接这个有趣却可能有些令人忧虑的未来，你就必须成为网络科技潮观念的推手。也就是说，你必须去做下列几件容易令人望而却步的事：

（1）培养同理心——要乐意去分享你的想法，并了解他人的想法。网络科技潮的重点就在于人际之间的互动，所以你必须勇于去和别人对话。

（2）善于倾听——因为最善于倾听的人会变得比别人都聪明。随时向他人学习，不要老是嚷嚷着招揽生意。

（3）保持耐心——因为要他们的组织上下都接受新观念，会需要时间。给他人一点儿时间，让他们自己去体验、学习和了解新观念的优点。

（4）把握机会——寻觅有哪些地方可以建立起网络科技，先从小处着手，再去全面推行。一旦有了好主意就要着手进行，因为你可能不会有另一次机会。

（5）保持弹性——要知道一定会有意外状况出现。运用社交科技总是会发生一些意外插曲，因此在推行的过程中要时时修正与学习。

（6）要群策群力——与希望达成相同目标的人合作，相互扶持。

（7）保持谦逊——要知道当你与其他人互动时，可能会产生非常了不起的成果，而你只是想要成为其中的一份子。不要一心只想着抢尽风头，否则你将错失善加利用网络科技潮的方法。

关键思维

公司规模越大，内部的沟通就越容易发生问题。信息是顺着管理阶层由上而下流动的，但是要将对顾客的了解传回管理阶层，并鼓励公司上下通力合作，却相当困难。全世界的企业之中，都有员工通过内部社交网络进行互动、在维基网站上协同作业，以及彼此交换意见。其中有些应用方式来自管理阶层，有些则开始于创新团队的项目，然而共同之处在于：它们通过最了解自己公司经营方式的人，也就是公司员工所想出来的构想，擅用了网络科技潮的力量。把这股力量交到你员工的手中，可能会让人有点担心，因为那并不符合严谨的组织架构，但是如果你希望公司发展得更快、更灵活，你就应该好好考虑一定要这么做。

想要在组织内部由上而下强制推行社交科技，几乎是不可能成功的，因为基本上来说，这些科技需要你们员工的参与。你无法强迫他们采纳网络科技潮的观念，你也同样无法说服没有意愿的经理人为你们的顾客设置社交科技。然而，如果能够有一两位高级主管支持社交科技，对你们来说绝对会有帮助。

——李夏琳　贝诺夫

质感？便利？请选择

Trade-Off

Why Some Things Catch On, and Others Don’t

原著作者简介

凯文·曼尼(Kevin Maney)，毕业于美国罗格斯大学，曾任《今日美国》专栏作家及资深科技记者长达20余年，2007～2009年担任财经杂志《Conde Nast Portfolio》特约编辑，并为《财富》、《大西洋月刊》、《快速公司》等杂志撰写专文。著有《大媒体潮》和《打造IBM》等图书。现为历史顾问与协力顾问，协助IBM于2011年成功举行100周年纪念活动。

本文编译：林文祥

主要内容

主题看板

取　舍

在许多运动类型里，速度与力量，往往是不能同时兼得的两大优势。以篮球为例，当一个球员具有身材优势时，可能也必须肩负速度吃亏的缺点；身手灵活的矮个子球员，也多有体型抗衡的劣势。只有极少数的天才球员，能够同时具备这两项优势，并且以多元化的球风被称为“摇摆人”（Swingman），而其他企图追求全能但无法成功的则称为“四不像”（Tweener，即Swingman的负面词）。

商品的质感与便利，就如同运动场上难以同时拥有的速度与力量，两者只能择其一全力发展，在不同的领域分别满足消费者的需求。如果过度贪心，想要同时追求两者，只会让商品落入质感间带，也就是既无质感，也不便利的区间，沦为定位错误的冷门商品。

西班牙的 El Bulli 餐厅位于距巴塞罗那约 2 小时车程的山区，每年只营业 6 个月，订位几率只有 1/250。如此不便的用餐过程，却吸引每年 200 万桌次的预约（实际用餐只有 8000 桌次），就是因为主厨持续追求独一无二的原创料理，以各种创新烹调手法改变食材的刻板印象。El Bulli 每年创新 40 道菜，并且让顾客在古堡或户外感受不同的用餐体验，有些餐点甚至不必使用餐具也能直接食用，使得菜肴如同表演艺术，让顾客享受高质感的用餐氛围。

调查显示，台湾地区每天有逾 850 万人要去便利商店，每 2500 人就能分配到一家便利商店，堪称全球便利商店密度最高的地区。便利商店不只是现代化的杂货店，小小的店面提供吃、喝、玩、乐各式产品与服务，而且推陈出新，不但与早餐业、快餐业、咖啡店抢生意，未来还会跟大型超市、网络购物争市场。便利商店的核心竞争力就是方便，提供解决消费者生活中不方便的服务与功能，这是便利商店维持吸引力的主要原因。

这两个例子都充分运用了商品两种特质的其中之一，而非两者兼具。想要开发出热销商品，就要将自己定位于市场的其中一端，并且全力发展。让自己真正成为不是被热爱，就是被需要的成功企业。

5分钟摘要

定位于市场的一端

消费者一直都在具有高质感与高度便利性的产品之间抉择。这两股矛盾力量之间的取舍，决定了新产品和新服务的成败。

以音乐产业为例，去听现场演唱会并不方便，却是一种质感极高的体验，那种体验是无可比拟的，因此摇滚巨星的现场演唱会门票总能销售一空。在市场的另一端，MP3 音档的质感（逼真度）非常低，音质只有家庭音响系统的 1/10，然而 MP3 因为极为方便而受到消费者喜爱。MP3 可以在网络上购得，然后载入可携式播放器之中。

想要开发出成功的产品，就要将自己定位于市场的其中一端，让产品具有极高的质感，或是绝佳的便利性，不可能做到两者兼具。质感与便利性都平平的产品，无法俘获热忱的支持者，要往市场的其中一端去发展，才能创造出热销产品。

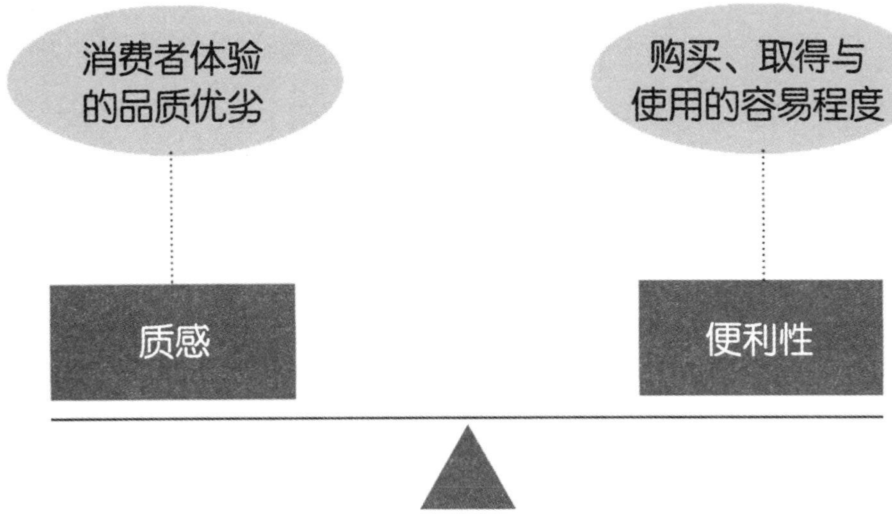

一　质感与便利性的取舍

几乎在所有产业中，消费者一直都在具有高质感与高便利性的产品之间抉择。深入了解这种称为“质感易位”的现象是相当重要的，因为这会决定产品是否值得开发。你必须决定产品要定位在市场的哪一端，然后持续往那个方向前进。最重要的是，千万不要卡在中间乏人问津的地带。

消费者不断在作决定，这些决定反映了这种质感与便利性之间的取舍，例如：

◎ 你今天要到现场去看棒球赛，还是收看电视转播？

◎ 你要打电话给某个人，还是要跑一趟去和对方碰面？

◎ 你要去高级餐厅享受美食佳肴，还是要

去麦当劳买快餐？

◎ 你外出时要用价值 300 美元的耳罩式抗噪耳机来听音乐，还是要用 MP3 播放器免费附赠的耳塞式耳机？

◎ 你要在电影刚上映时就到电影院去看，还是要等到发行 DVD 后在家中用高画质电视与家庭影院系统来观赏？

这种取舍可以用下列的图表来显示：

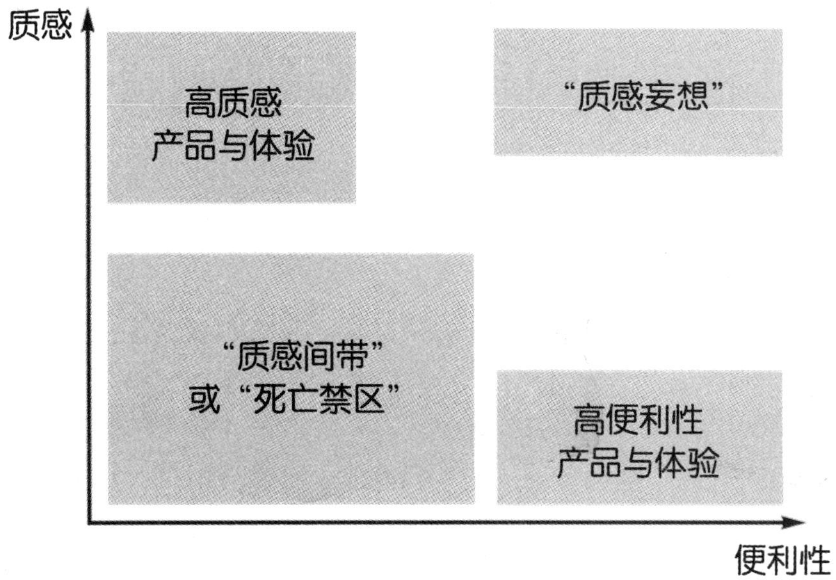

成功的产品若不是具有高质感，就是具有高便利性。去看球赛是一种高质感的体验，场地、

声音、气味等种种临场参与所带来的感官刺激，是无法以其他方式重现的。然而想要体验这种感觉，你必须找到地方停车，带着所有能让你舒服看球的东西走到棒球场，或者要准备在现场购买商品、忍受周围其他观众的行为、离开停车场时堵车等种种不便。如果这一切听起来令人望而却步，你也可以选择看电视转播。即使这种体验实在不如亲自到现场看球，也还是方便太多。

创业者一旦了解到这种取舍，第一直觉就会想要去创造同时具备高质感与高便利性的消费性产品或体验。事实上，他们是在追求所谓的“质感妄想”，而唯一的问题是，这种综合体并不存在。大部分产品和服务都无法兼具高质感和高便利性，反而是落入“死亡禁区”，也就是所谓的“质感间带”，既没有高质感，也不怎么便利。绝大多数产品和服务最后都沦落到这个不痛不痒的质感间带。

这种不断在发生的质感易位，主要概念

如下：

（1）自从人类发明了商业交易，这种质感与便利性之间的取舍就一直在进行——根本不是什么新的现象。这就是即便演唱会在音质上比不上在家用音响系统听这个乐团的最新专辑，但大家还是愿意花很多钱去听摇滚演唱会的原因。能够亲眼看到自己最喜欢的乐团表演，身边又有一大群跟自己一样热情的歌迷，这种感官上的刺激是无可取代的。

（2）质感与便利性之间的抉择，绝非固定不变——而是会不断调整与演变。我们个人的状况会决定我们作何选择，在我们人生的不同阶段，也会有不同的优先考虑，而这些优先考虑会反映在我们所作的决定上。年轻的时候，我们会有比较多的空闲时间，年纪较长的时候，则会有比较多的可支配收入，因此在这两个阶段优先考虑的东西就会完全不同。

（3）科技会大大影响质感与便利性的取

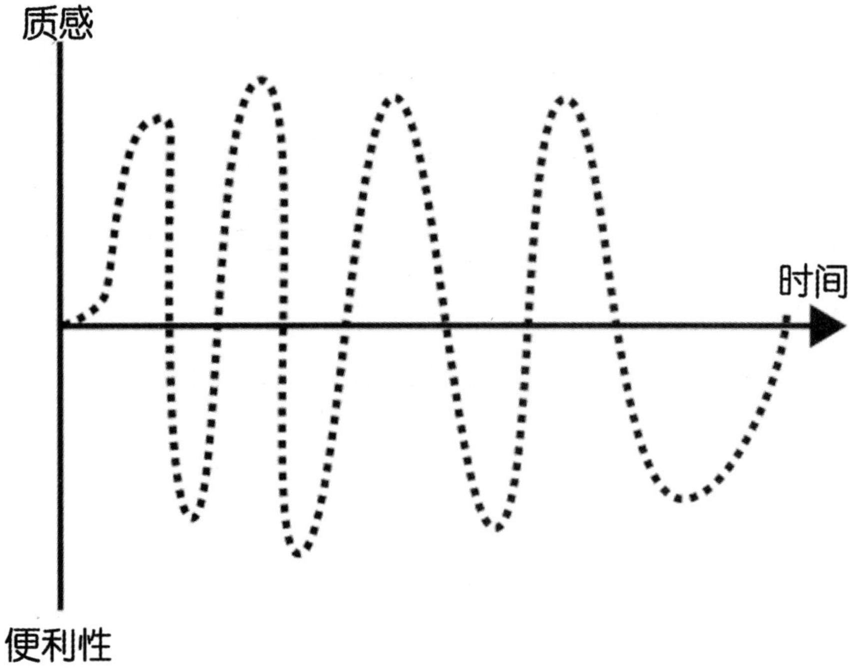

舍——因为科技可以提升质感或增加便利性，两者之间的界线会随着新科技的问世而不断改变。

（4）质感间带绝对是乏人问津的地带——也就是说产品或服务既非高质感，也不怎么便利。产品沦落到质感间带，就会被打入冷宫，没有人会对便利性低或质感平平的产品或服务感兴趣。

这就是当前电影院所面临的问题，电影院在家庭影院供应商的猛烈攻击之下，票房节节下滑。产品或服务的质感无法再继续提高，或是不再具备前所未有的便利性时，就会逐渐被不断扩张的质感间带吞噬。

（5）此外还有质感妄想的现象——也就是企业想达成不可能的任务，去开发兼具高质感与高便利性的产品和服务。这看来相当吸引人，却不可能做到。如果有企业想要两者兼顾，最后的结果只是浪费掉宝贵的时间与资源。麦当劳曾数次尝试开设以麦当劳为品牌的餐厅，有精致佳肴、高级餐具、桌布，还有服务生，但是结果都失败了，原因或许就在于此。该公司在这个方向上做了很多努力，结果都不尽理想，还削弱了消费者对麦当劳品牌高便利性的认知。

（6）唯一能制胜的市场定位，不是超级质感就是超级便利——也就是处于质感坐标轴或便利性坐标轴的其中一端。苹果公司推出的 iPhone，就是定位于质感坐标轴上的高端，定价高而且数量有限，结果成为非常畅销的产品。沃尔玛百货全力成为高便利性的选择，因而大获成功。该公司努力不懈地让采购日用品变得更容易，并且提供比任何厂商都要便宜的产品。

（7）社会层面也能大幅改变产品或服务的定位——可能会提升其质感。例如，今日的青少年会花3美元购买手机铃声，因为这可以展现他们的音乐品位。然而这些青少年却不太愿意花99美分在iTunes上购买铃声歌曲的完整版。放在iPod里的一首歌没有什么社会价值，而手机铃声是大家听得到的。

（8）有时，新产品或新服务会让质感与便利性之间的取舍完全消失——并彻底改变大家的看法。数码相机就是很好的例子。21世纪，数码相机完全主宰了高质感与高便利性两种市场定位，彻底把传统胶片相机打入质感间带。

为了说明质感与便利性之间天生的对立关系，请记住这些词汇的意义：

在考虑高质感商品时，价格不是重点，其他

因素比较重要。例如，相当高比例的学生不愿就读当地的社区大学，而愿意付高额学费到哈佛、杜克或斯坦福等名校就读。能够与老师和教授当面互动、体验校园生活，并结交志趣相投的同学，都增加了教育体验上的质感。就读于名校会产生一种特殊氛围，而让人知道你是从常春藤名校毕业，会成为个人身份象征的一部分，并传达一种隐含的社会地位。高质感商品可以显示出你的个人特质、成就以及地位。体验、氛围和身份象征加起来，就是质感所代表的一切。质感是某种事物整体的体验。

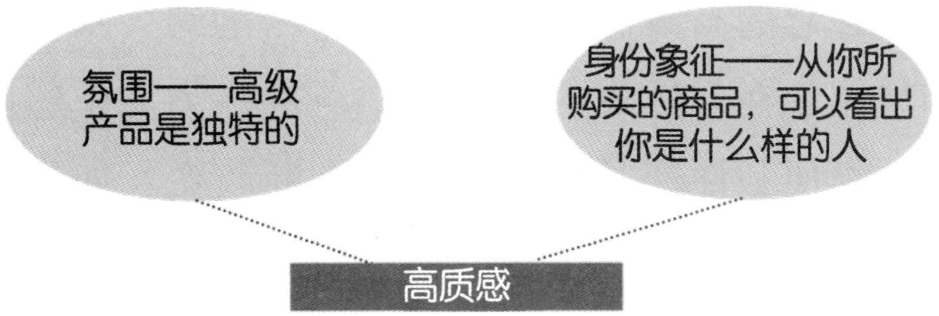

便利性所指的，其实就是取得某件东西的容易程度。容易取得是便利性最明显的要素，而费

用也是。产品的费用越低，消费者就越容易购得。高便利性的产品，购买与使用起来都很容易。

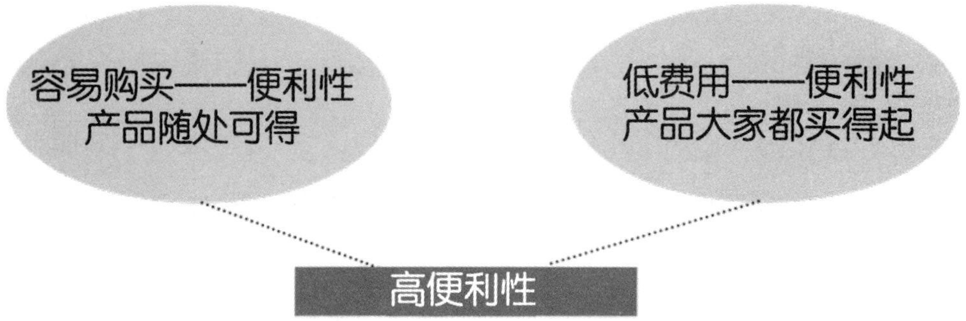

质感与便利性的定义绝非一成不变，会因为科技与创新的影响而不断变动。你今天所提供的高质感体验，可能会因为新的竞争对手提供了比你更优越的高级商品，而在明天沦落到大众商品的地位。在你所属的市场之中，被称为高质感产品与高便利性产品的条件，会不断改变，如果你不持续加强质感或便利性，就会被对手抛在后头。我们以高质感电影体验的定义来说明：

◎ 20 世纪 20 年代：默片。

◎ 20 世纪 30 年代：有声黑白电影。

◎ 20 世纪 40 年代：有声彩色电影。

◎ 20 世纪 60 年代：环绕音响。

◎ 20 世纪 80 年代：电脑合成特效。

◎ 21 世纪初：3D 立体电影。

科技发展使得高质感与高便利性的定义产生互换，而这种自然产生的互换状态，正是让经营事业充满趣味与挑战的原因。任何事物都不会固定不变，有充分的智慧能够预期到变化状况并趁早应对的人，就会因此获得机会。

高质感的事业之所以能繁荣发展，是因为它们制作出的东西太好，受到大家的喜爱。头等舱机位、摇滚演唱会、法拉利跑车与普拉达包包之所以存在，是因为消费者十分喜欢，愿意花高价购买。相比较之下，高便利性的企业，则是消费者所需要的，这就是 7-11、沃尔玛赢得青睐的原因。

所谓取舍，就是指消费者在便利性与质感之间的抉择。消费者随时都会根据个人的喜好与状况，作不同的决定。例如，如果你有空闲，可能会选择用高品质的环绕音响系统，聆听你最喜爱艺人的音乐。在这种状况下，你选择的是优越的体验。相对的，如果你要外出一整天，你可能会选择把一张原声带载入你的 iPod，在这个状况下，你选择的是便利性。MP3 文件的音质大约比一般 CD 差了 10 倍，但是那并非你主要的考虑。可携带性与便利性超越了对质感与品质的需求。

消费者的取舍，会因下列条件而不同：

（1）年纪——当其他条件相同时，年纪较大的消费者比较注重质感，而年轻人则比较重视便利性与可携带性。

（2）个人情况——如果你赶时间，可能会选择在麦当劳随便吃一顿，而如果你想要与约会对象共度美好时光，到餐厅去会比较好。

（3）对科技的熟悉度——以前人们比较喜欢使用固定电话，而现在的人较喜欢使用手机。

（4）收入高低——年收入 25 万美元的人与赚取最低薪资的人，选择会有所不同。

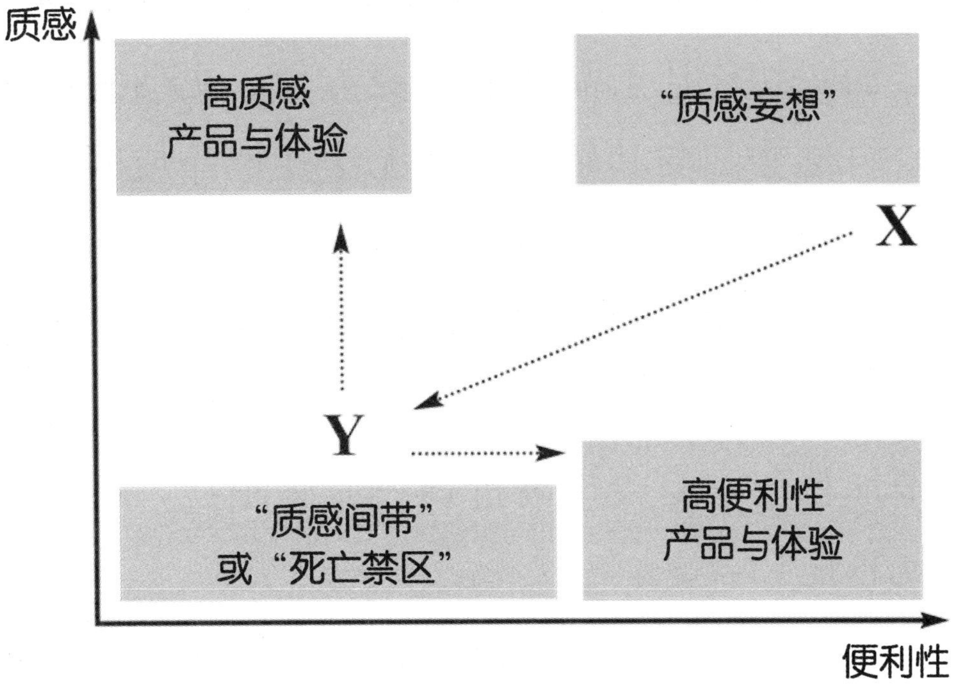

许多新产品一开始都把目标定在产品的最高境界，想兼具高质感与高便利性。这些产品企图达到质感妄想，就是图表中 X 的位置，然而这实际上是做不到的，因此大多数企业都落到 Y 的位置，也就是在质感间带之中。这是个相当不利的位置，因为既非高质感也没有高便利性。

与其尝试回到根本不可能的 X 位置，不如赶紧作出决定。是朝高质感的目标发展，还是锁定在高便利性？你无法两者兼具，因为：

（1）便利性的重点在于容易程度与费用高低，而一切能让产品或服务更方便、更便宜的做法，自然会削弱其氛围。你无法让产品或服务变得更方便，却又不削弱其质感。

（2）质感的基础在于，你提供的消费者体验是否丰富与优质。必须增加特色才能提升质感，而增加特色一定会提高价钱。质感越佳，便利程度就越低。

只要有企业试图同时追求高质感与高便利性，最后一定是两头落空。如果你这么做，你的品牌会被视为既不算奢华，也不真正属于大众市场，结果就会沦落到质感间带。你的商品跟其他商品没有多大区别，因此吸引不了消费者。

亚马逊网站的电子书阅读器 Kindle，就是说明这个概念实际运作的一个好例子。亚马逊经过 4 年的研发，在 2007 年底推出了 Kindle。Kindle

表示要提供比阅读实体书籍更佳的体验，在上市后的前6个月销售量十分稳定，而且佳评如潮。在上市的同时，亚马逊还提供了超过9万本书供Kindle使用者下载，定价全都在9.99美元以下。

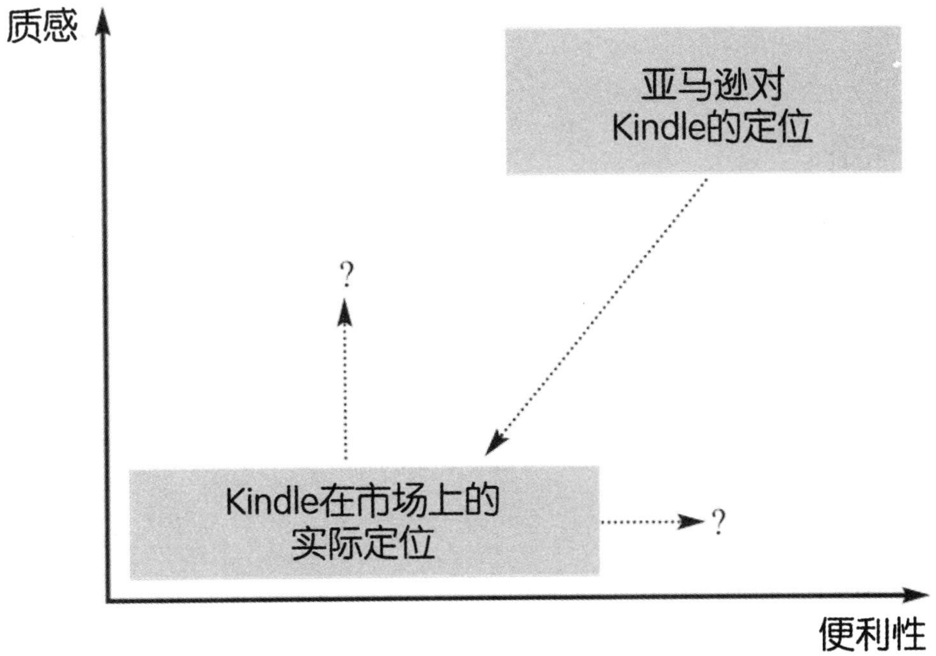

当亚马逊第一代的Kindle销售一空时，看起来该公司似乎成功为这项装置找到了明智的定位。然而初期的销售原来都是来自早期采用者，而非大众市场的广大读者，而且Kindle的定价是399美元，对大多数人来说并不便利。同样，大家无法看到自己读过的书一排排陈列在书架上，也使得拥有大量藏书的那种质感打了折扣。因此，亚马逊并未做到高质感、高便利兼具，反而让Kindle的定位落入质感间带。

要让Kindle大受市场欢迎，亚马逊必须将Kindle朝质感坐标轴或便利坐标轴的其中一个方向发展。Kindle在质感方面很难超越实体书的体验，但是电子书有潜力成为实体书籍的超级便利版本。要想做到这样，亚马逊必须不断扩充可供下载的书籍量，并且大幅调低这项装置的定价，降到不能再低为止。当阅读电子书的花费能够接近阅读实体书（也就是不花分文），那么在60秒内可以取得数百万本书籍，就会变得极为方便，而购买与扛着实体书本就会成为大家避之不及的事情，这样Kindle就能打进大众市场。

关键思维

成功的高质感产品与服务，以及成功的高便

利性产品，都可以发展成卓越事业，不过是不同类型的事业。但是，要同时被热爱与被需要，兼具高质感与高便利性，是很困难的。事实上，试图两者兼具，会导致彻底失败。

质感妄想的概念，并不是说成功的产品和服务只具备高便利性或高质感，其实，为高便利性的产品或服务增添适度的质感，或者在质感之外增添适度的便利性，会形成一种力量强大、可以胜过对手的混合体。诀窍在于要避免太过贪心，不要愚蠢地去追求妄想。

——凯文·曼尼

二　取舍下的赢家与输家

了解到消费者如何取舍之后，接下来就该作决定。停留在质感间带（也就是商业的死亡禁区）没有任何好处，因此应该根据下列3个概念来制定对策：

(1) 力求被消费者热爱，也就是开发可以定位为高质感、甚至超级质感的产品。

(2) 力求被消费者重视，也就是开发高度便利或是超级便利的产品与服务。

(3) 最重要的是，别去追求妄想，你无法同时被热爱又被重视，那是不可能的。

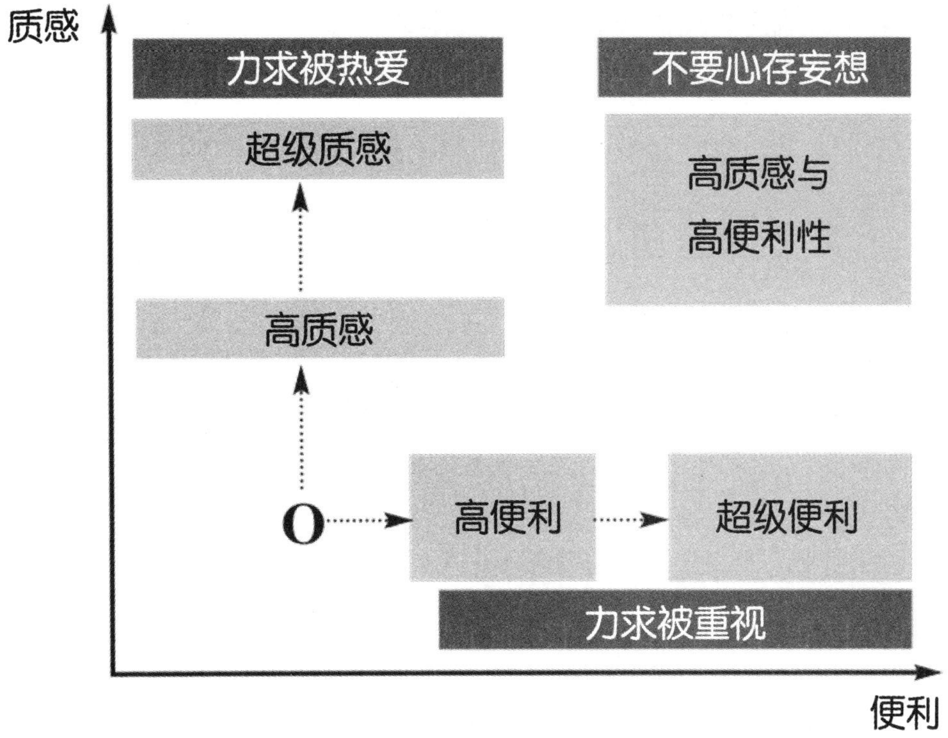

1. 力求被热爱

在任何市场区域中，通常都会有几家被公认为高质感的企业，其中一家企业可能会是其他企业羡慕及仿效的对象，而这家企业经营的基础，就在于堪称超级质感的商品。

获得如此崇高地位的企业与产品有：

◎ 苹果公司的第一代 iPhone 手机。

◎ 摩托罗拉的 RAZR 手机。

◎ 新加坡航空的头等舱。

◎ 路易·威登的手提包。

◎ 美国有机食品超市 Whole Foods。

◎ 太阳剧团。

◎ 美国军队——全世界最昂贵的军队。

◎ 美国加州纳帕谷地区“法国洗衣房”之类的餐厅，晚餐价格每人 300 美元（不含葡萄酒），而且至少需要提前 2 个月订位。

高质感产品之所以能脱颖而出，通常是因为消费者愿意付出高价来购得。要达到超级质感的程度，你必须有所突破，做出非常出色的产品，远远超越其他人。要做到超级质感并不容易，而要保持住更是困难。新科技与市场上新出现的竞争对手，随时都在处心积虑地抢下你的地位。

摩托罗拉公司 2004 年秋天推出了 RAZR 超薄型手机，这款手机实在太酷了，当时电信业者都是送手机以吸引新用户，而消费者还愿意花

400美元去购买RAZR。2005年，RAZR手机的出货量超过2000万部，摩托罗拉的获利也大幅上升。唯一的问题是，RAZR是2G手机，而摩托罗拉并未将其转型为3G手机。到了2006年，所有最酷炫的手机都使用3G网络，不仅传输速度更快，还可以传输数据和影像。摩托罗拉的应对措施是大砍RAZR的定价，而非开发更先进的3G版本。结果，RAZR销售超过1亿部（成为史上最受欢迎的手机），却摧毁了RAZR这个品牌。RAZR丧失其氛围，而摩托罗拉也失去其超级质感的定位，该公司2006年的财务报表跌落谷底。在2007年年底，该公司为了在手机市场重振雄风，不得不撤换了CEO。

要维持超级质感，必须持续投资，而且要从长期的角度去思考，不但要保持在科技发展上的尖端地位，还要比大众市场早一步达成。如果出现其他对手，提供更优质、更丰富的顾客体验，就必须再投入资源，努力创造出更优质的商品。

要年复一年地做到这点并不是件容易的事，但若真能做到，那就再好不过了。

2. 力求被重视

零售业的便利之王，非沃尔玛百货莫属。该公司全力奉行的理念是："省下钱，过更好。"沃尔玛是以让乡村市场的消费者享有低价而发迹，然后不断运用其持续增强的采购力，把价格压低再压低。沃尔玛是以低价零售商起家，只要坚守这项策略，该公司就会成长；每当该公司偏离这项策略，尝试提供流行与较高价的商品时，表现就不佳。

高便利性的路线异常艰辛，要成功做到，必须吸引大众市场，还要能维持市场地位，这不是一蹴而就的。大多数高便利性的企业都是从小规模开始，然后逐步奠定各种必要的基础，凭借自身力量茁壮成长。听起来也许奇怪，不过要让顾客感到简单又方便，背后得下很大的工夫。

运用高便利性策略做成功的知名企业有：

◎ MTV 音乐电视台，播放流行歌手演唱歌曲的影像，开启了有利于有线电视台的市场。

◎ 网络服务供应商 EarthLink，创立于 1994 年，希望做到“让人人都上网”。到了 1995 年，该公司用户数每星期增长 15％～20％。

◎ 福特汽车著名的 T 型车，从 1908 年开始生产，持续了数十年。

◎ 美国南方公司最具代表性的 7-11 便利商店。

◎ 唐·韦策尔发明了自动提款机，第一部自动提款机于 1969 年投入使用，但是一直到 20 世纪 80 年代才真正发展起来，如今自动提款机已经随处可见。

◎ 美国在线，世界上最大的网络服务商，被时代华纳以 1800 亿美元并购。

3. 不要追逐妄想

企业若想同时往便利与质感两个方向前进，一定会失败。这个可以由最近的一些例子来印证：

（1）星巴克——从1998年的1886家分店，扩充到2008年的16226家。该公司还跨足冰激凌、罐装饮料和唱片业，而非专注于提供优质体验。创办人霍华德·舒尔茨原先设想星巴克是个提供高质感体验的地方，大家可以到这儿聚聚、联络感情。然而大约在2007年，星巴克开始在各家超市设立摊位，给购物者提供纸杯装的咖啡，纸杯可以放在购物推车上。这个画面一点都不迷人，也无法为星巴克的顾客带来他们所期望的高质感体验。2008年1月，舒尔茨因为形势所迫不得不再次担任CEO。

他立刻关闭了600家星巴克咖啡店，并勒令其余7000多家分店歇业3小时，训练咖啡吧台师傅如何煮好星巴克的浓缩咖啡。舒尔茨正努力让星巴克重回高质感，而非力求兼具高便利性。

（2）蒂芙尼——在20世纪90年代末期试图将品牌往低年龄段延伸。蒂芙尼开始销售定价

110美元的银制幸运手链，起初因为中产家庭青少年竞相购买，使得业绩上扬，然而很快就发现，有更多蒂芙尼的老顾客弃它而去。蒂芙尼险些被定型为锁定青少年而非成人的公司，蒂芙尼品牌的长期价值也因而陷入险境，最后蒂芙尼以抬高价格的方式来应对，让大部分青少年买不起该公司的珠宝。高端产品的销售逐渐回升，该公司也因为专注经营精品，而再度稳定成长。蒂芙尼不再试图追逐质感妄想，而是回归表现杰出的那方面，因而得以重建品牌。

（3）Coach——这家手提包制造商在20世纪90年代末期，针对大众市场推出了新系列的流行手提包，并将这条新的产品线命名为“平民精品”。从前要价300美元的手提包，如今一个只卖25美元。大约有4年的时间，这个做法看似很成功，因为Coach新开了94家分店，还有数十家过季折扣店。然而到了2007年底，Coach业绩大幅下滑。因为追逐便利性，Coach着实变得既没有高质感，也不具高便利性，而 Coach 包不再被视为精品，但也不真正属于大众市场。

可以举出的实例还有很多，而几乎在所有个案中，只要这些企业试图去追逐所谓的“大众精品”，也就是以大众市场的数量来发售的精品，就会遭受挫败。这是绝对做不到的，大众化与精品化无法共存。这么做只会拉高日常产品的标准，也拉高顾客的要求。

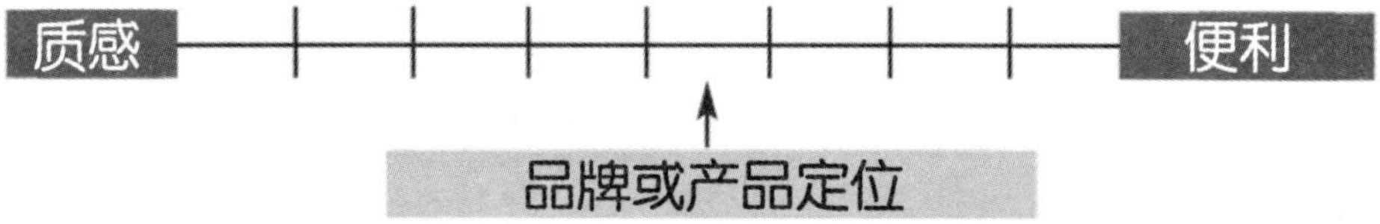

高质感与高便利性分属市场的两端，这是无可否认的。所谓妄想就是说你以为用同一项产品或服务可以去达到两者兼顾，但是过去的经验一再证明，这是做不到的。与其试图同时达到同一条线的两端（也就等于是追逐妄想），不如事先决定要定位在市场的哪端，然后努力保持这个定位，并且发挥到极致。

关键思维

高质感公司的表现比其他人都要出色，消费者喜爱其产品或服务，就会想着要去拥有，使其成为自己的身份象征。为了达到目标，他们可以容忍严重的不便，例如高价、难以取得等。就像某种难以理解的量子物理定律一样，当质感达到极致，便利就几乎不存在，取而代之的是纯粹的渴望，甚至是欲望。

高便利性商品往往要靠薄利多销，而且通常十分普遍。便利性的重点不在于营造美好体验、氛围或身份象征，有时根本没有提供良好的体验，也无助于提升身份象征。高便利商品的重点不在于热爱，而在于需求。当一项产品或服务变成一种习惯时，就很难去除。

——凯文·曼尼

我所做的一切，重点都在于便利性。经营每一项事业，无论内容是什么，只要让便利性高过竞争对手，就能够胜出。我曾与工程师发生过争执，我问他们："这样会比较容易吗?"他们说："不会，但是会比较好。"我说："可是这样会比较容易吗？如果不会，就不必麻烦了。"美国在线必须是最便利的，便利才会赢。

——鲍伯·皮特曼

美国在线、21世纪不动产前CEO

人自然会设法找出自己在世界上的社会地位，而富人是用奢华的东西去找。如果今日奢华、独特的东西变得平凡无奇，富人就会重新定义奢华，去寻找其他人无法触及的产品或服务。受到科技的影响，质感与便利的界限不断向外推，所有在今日是高质感（或最奢华）的东西，都会在明日被其他更高质感的东西超过，而今日高质感的商品或服务就会降级，变得更为平常。

享有最大成就的人，位于质感与便利的尽头，而落入质感间带的人，职业生涯最难有所进展。个人跟企业一样，必须注意到科技的影响。如果你在某项职业中是表现最好或最具便利性的，科技必然会进步，并提供工具让人可以做到更好或更便利。人跟企业一样，必须不断投入、用心、精益求精，才能一直脱颖而出。

人愿意以体验的品质去交换取得的便利性，反之亦然。在构思新产品、定位品牌、规划公司策略，或是分析竞争对手时，这是相当珍贵的见解。要了解世界如何运作，这个核心概念是极佳的观察角度。

——凯文·曼尼

Kindle 阅读器在设计上的最高目标，就是要做到无形无影。所以我们在 3 年前说，我们要让这项装置能够真的像实体书一样，让人忘记它的存在，这样读者才能沉浸在内容之中，但同时又会发现一些实体书做不到的事情，而我们必须将这些事情做得出神入化。Kindle 的愿景就是，不管任何书籍、使用任何语言，只要出版过，就能在 60 秒之内取得。这不是一项装置，而是一种服务。

——杰夫·贝佐斯

亚马逊网上书店创办人

成功企业不是被热爱，就是被需要。

——泰德·李昂西斯

美国在线前总裁

三　如何运用质感的取舍

质感的取舍为企业提供了合理而周延的决策架构，可用于观察竞争对手目前的做法，了解他们是在便利还是质感方面进行发展。了解之后就可以判断最能有效应对对手的竞争策略，是提供更高度的便利性，还是提供更优越的质感。尤其要记得，畅销与否不是取决于产品是否酷炫或新潮，重点是在质感、便利两种定位之间的取舍。成功之道，就是要在质感或便利性上胜过对手（但绝非两者兼顾）。

质感与便利之间的取舍，是检视产业结构的极佳角度，可以让你静心思考，标示出目前所有竞争对手的相对位置。你会发现，对手都沿着下图的其中一条虚线进行发展：

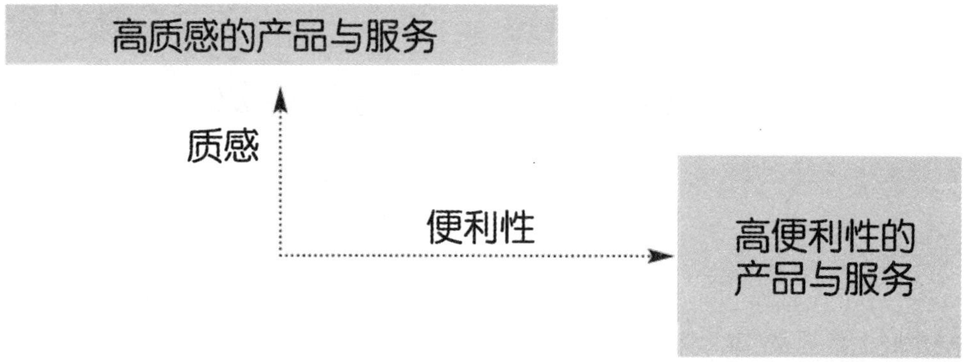

有了这层了解，就可以作出重要的决策。你可以通过下列问题来进行：

（1）竞争对手在市场上推出的构想，是在追求更优越的质感还是更高度的便利性？

如果看起来大家都往其中某个方向发展，那么反其道而行或许能让你取得竞争优势。IBM 在 2000 年时就成功运用这种方法，当时该公司宣布将采用开放源码的 Linux 系统作为其指定的服务器作业软件。这对 IBM 而言并不容易，因为该公司过去都以改进产品功能、效能与成本等方式来应对竞争对手的威胁，也就是沿着质感坐标轴往上发展。结果，IBM 的主要竞争对手当时都采取服务器配特定软件的搭售方式，所以当 IBM 开始销售附免费 Linux 软件的服务器时，IBM 系统就突然变得更便宜、更买得起。4 年之内，IBM 在服务器市场的占有率从原本的一小部分，晋升到大幅领先。IBM 靠着免费的开放源码操作系统，改变了业界的竞争态势。该公司没有采取过去一贯加强质感的竞争方式，转而在质感与便利的坐标中，找到更有利的新定位。

（2）能否通过加入适当的质感元素，去对抗对手的便利方案？

如果其他人都试图定位成最便利的，那么加进些许高质感的层面或许可以让你脱颖而出。幸运的话，那种质感的要素可能就是决胜点。以电力市场为例，从许多方面来说，电力是最不讲品位的大宗商品，没有所谓更高品质的电力，所有电力的作用都一样。因此，大家都在便利性上竞争，至少在太阳能发电厂商 eSolar 出现前是如此。eSolar 的发电方式，是用大量镜子收集太阳能，将水变成水蒸汽去推动涡轮机。如今消费者可以指定环保的电力来源，因为这样不会和加剧全球变暖的燃煤发电厂有所牵扯。

这项采购策略正好足以应对消费者的权衡，注入些许质感的要素，即使 eSolar 的价格与竞争对手相去不远。结果，eSolar 享有高度的声誉。

（3）是要以更高的便利性去对抗便利性，还是要提升质感？

美国国民捷运航空在 20 世纪 80 年代，真的可以用“起飞”来形容。该公司是以惊人的低价机票发迹，例如纽瓦克到华盛顿特区的单程机票只要 19 美元，比灰狗巴士的车票还要便宜。这家航空公司显然是走低价航空公司路线，不能预订、不提供餐点、没有头等舱和电影，却大受欢迎。成立不到 4 年，国民捷运航空就成为美国第五大航空公司，1985 年的营业收入达 10 亿美元。其他航空公司显得左支右绌，因为它们都陷在和彼此较量那么一点点质感的战争之中。美国航空的前任CEO罗伯特·克兰德尔考虑在旗下增设低价航空公司来和国民捷运航空竞争，然而他选择尽可能在便利性上去追近国民捷运航空，并且再加入一些具有质感的特色。美国航空投资了第一代的收益管理科技，可以指导公司如何制定票价才能让每个航班都坐满。得出的定价方式是，旅客只要预订机票，票价就低，而如果搭机前一天才订机票，票价就高。美国航空借助收益管理，得以提供旅客餐点与电影等大航空公司才有的优良服务，同时还可以有丰厚的获利。旅客很快发现，美国航空和国民捷运航空一样便利，却提供更高度的质感体验，而美国航空还是可以吸引到愿意付高票价的旅客的。很快，国民捷运航空的运营模式就捉襟见肘，该公司已经尽一切所能提供最低价格，所以没有增添质感的余地。美国航空的收益管理能力成为胜负关键，不到几年，国民捷运航空就不得不宣告破产。

（4）能否想出创新，让便利性或质感大幅

提升?

iRobot 公司在 2002 年推出可以自己清扫房间的机器人吸尘器 Roomba。这项装置代表了便利性上的创新，而且在质感上足以和竞争对手匹敌。Roomba 从一开始没有品牌、没有经销网络、没有配销售渠道等一切有利条件，在 2 年之内售出了 200 万台。iRobot 目前正计划研发能做其他家务的机器人。

商界充斥着各种无法在市场大放异彩的产品与服务，简单举几个例子：

◎ IBM 的 PCjr 电脑。

◎ 可口可乐的“新可乐”。

◎ 新力的 Betamax 录像带规格。

◎ 福特汽车著名的 Edsel 车款。

◎ Teledesic 公司试图达成的全球无线宽带网络。

◎ 苹果公司的牛顿电脑。

◎ 摩托罗拉的铱系统。

上述种种看来大有可为的计划，都是由聪明绝顶的人所构思与研发的，而这些计划的挫败，可以用质感取舍的分析架构来解释。请记住以下重点：

（1）每次构思新产品时，都要先问问这项新产品是要在便利性还是质感上去竞争——想清楚哪一个坐标轴比较重要。

（2）接着要制作质感与便利取舍的图表——与市场上现有产品相比较，新产品处于哪个位置。

（3）留意科技的影响——了解质感与便利的界限在改变。要记得，不论你推出的新产品今天位于取舍坐标中的哪个位置，明天都会处于不同位置，因此要设法预测科技将如何改变。

（4）时时提醒自己，成功并非取决于产品或服务的“新潮”或“酷炫”，而是取决于其在取舍坐标图中的位置。神乎奇技的科技是很好，但是在大众市场上唯一重要的，就是你的产品能否在便利或质感上胜过竞争对手。

（5）同时要记得，不同客户在质感与便利间的取舍会有所不同——因此不能光凭早期采用者的热忱去评估潜在顾客。早期采用者比广大市场更喜欢新的事物，所以不要被骗了。

（6）从小规模做起，不要大量推出——这样才可以在搜集更多实例的同时，随时做出调整。一定要保持灵活。

（7）要记住，大多数新科技都开始于质感间带——所以在开始之后，就要判断是朝更高的质感迈进，还是要追求更高的便利性。绝对不要想着两者兼备。

（8）从和大家现有做法相反的方向去寻找有趣的机会——例如，当其他教育机构全都专注于加强质感时，就可以提供高便利性的教育内容，通过宽带网络与智能手机传送。几乎在所有市场中，都会有企业争相保住高质感和高便利性的地位。如果你所在的市场明显偏向某一端，就去看看另一端是否有商机存在。

最后一点尤其重要，如果高质感或高便利的产品或服务发展得越深，那么往质感与便利的反方向去发展，商机就越大。印度的塔塔汽车就是很好的例子。21 世纪初，塔塔汽车注意到各大车厂都在生产设计精密的汽车，因此要价都超过 1.5 万美元。车厂自然就必须建立又大又昂贵的基础建设，才能批量生产与销售汽车。这种状况在汽车业，是普遍且运作不息的商业循环。

然而塔塔汽车发现，世界银行估计全世界大约有 80 亿人口，年收入介于 3600 美元到 1.1 万美元之间，这表示这些绝对买不起一辆 1.5 万美元汽车的人，是一个广大的市场。有鉴于此，塔塔汽车开发出名为 Nano 的新车，只卖 2500 美元，并且还可以获利。Nano 是一款坚固的汽车，看起来有点像是小型的轿旅车。分析师预期，Nano 在印度等发展中国家的新车销售量会在一夕间增长 20%以上。其他车厂现在都争相开发自家的 3000 美元以下车款，期望在市场中，好好一较高下。塔塔汽车发现高便利的那端有机可乘，因此得以成功定位。

关键思维

做研究时，有件事让我印象深刻，就是每次我从质感易位的角度去探究市场，就会发现有明显对比的企业，分别处在高质感与高便利的位置。一定会有让人热爱的产品或体验，也会有让人需要的产品或体验。就以搭飞机来说，市场的其中一端有私人喷射机，另一端则有美国西南航空，两者表现都不错。就摄影来说，高级相机则和手机上的相机相互制衡。这似乎是一种自然状态。

在任何产业或市场中，都会有许多企业或竞争对手在竞争最高级的质感，也都会有其他企业或竞争对手在竞逐最极致的便利，而其余业者则散于质感与便利的图表上。就一般的经营经验而言，这是理所当然的。在任何市场中，都会有成功的高级业者、成功的低阶业者，以及很多介于其中的产品，这本来就在预料之中。

——凯文·曼尼

吉姆·柯林斯告诉过我，要登上顶端有两种方法，其中一种是去爬现有的阶梯，而这可能会有点拥挤，另一种方法则是自己造阶梯，然后让自己爬上最高点。如果你无法成为现有领域中的顶尖，那么就想清楚自己最擅长什么，然后开创出合适的领域。创业家自己创办企业，而不是努力当上 IBM 或波音公司的 CEO，就是这么做。即使是针对个人层面，质感易位的概念也一样适用。力求做到高质感或高便利性，是最佳策略。如果你有雄心壮志，也愿意按部就班地发展职业生涯，就能找到办法在某个质感与便利的领域中，成为高质感的竞争者。

质感取舍的观念认为，你应该想清楚自己在哪些工作类别或事业上的表现可以胜过他人，然后努力去追求。一般而言，最成功的人士都会在某种质感与便利的取舍中，居于高质感的位置。当然，并非所有人都有条件在某个领域中达成高质感。这么一来，明智的策略就是要将目标锁定在高便利性上。如果你无法成为当地最佳、最圆滑的房屋中介，就要成为让客户感到最便利的一个。让客户可以用短信马上联络到你，降低佣金来打败竞争对手，总之要想尽办法让自己成为最便利的一个。

——凯文·曼尼